プロローグ

 ギィーギィー！

 ザッパァァァァアン！

 グオー！

 ガルルルルル

 ……ハッ！ ここはいったいどこ？

 ふ〜、やっと目覚めたか。ここは株の知識がある者だけが生き残れる異世界だよ

 どうして僕はそんなところに……

 どうしてかは私にもよくわからないんだけど、君みたいな初心者が迷い込むことがあるんだ

ちなみに、あなたは誰ですか？

よくぞ聞いてくれました！ わたしは天海源一郎という株式評論家であり、個人投資家だ

ん？ 天龍源一郎？

……天龍ではなくて天海です。天龍源一郎だと元プロレスラーの名前だから。てか、君はどうしてここへ来たの？ 見た感じズブの素人のようだけど……

ズブの素人で悪かったですね

あのね、周りの危険な動物たちを見なさい。ここは君みたいな人が生き残れる場所ではないんだよ

登場人物❶
天海 源一郎 先生
（てんかい げんいちろう）

PROFILE
株式評論家・個人投資家。個人投資家が儲けるための投資の啓蒙をライフワークとし、投資関連の講演や執筆、イベントなど精力的に活動中。

よろしく！

登場人物❷
主人公

PROFILE
ひょんなことから「株の知識がある者だけが生き残れる異世界」に迷い込んでしまった本書の主人公。元の世界に戻るために、投資について勉強中。

ど、どうも

ひえぇ……クマとかライオンとか危険そうな動物がいっぱいいますね。まだ死にたくないんですけど。先生、どうすれば僕は生き残れますか？

そうだなぁ……クイズだ！

は？　クイズ！？

そう。私がクイズを出していくから、君は答えを予想していくんだ。株の知識をつけていけば、もしかしたら生き残れるかも知れない

そ、そうなんですね。（うさんくさすぎる。適当に話を合わせてどこかで逃げないと……）

ちなみに、クイズと株式投資は似ているんだぞ

え、どこが似ているんですか？

 クイズというのは知識を積み上げていくだけでなく、記憶力や判断力、注意力など、さまざまな神経を使うよね。実はこれらのことって株式投資にも必要不可欠なんだ

 つまり、一石二鳥ってことじゃないですか

 その通り！

 では先生、僕にどんどんクイズを出してください。ただ、ほとんど知識を持っていないので簡単なクイズからお願いしたいです（早く答えて逃げよう）

たしかにね。いきなり難しい問題を出したら、やる気がなくなるかもしれないね。では、この世界の各エリアを易しい順に紹介しよう。紹介順にクイズを出していくのでよろしく

第1章	株式投資の基本と市場について
第2章	儲かる銘柄を見つけよう
第3章	株価が上下するワケ
第4章	売買のタイミングの見きわめ方
第5章	儲かる投資家の頭のなか
第6章	実践スタイルとリスク管理

わかりました。全6章立てで、各テーマからクイズが出題されるということですね

それと、今回クイズは全部で68問を用意したぞ

 けっこうありますね

 基本的に問題は2択にしてある。つまり答えは50：50ってこと

 それなら適当に答えても当たりそうですね

 さぁ、そう簡単にいくかな？

 先生、僕はいつでも準備OKです。早く問題を出してください

 よ〜し、ではそろそろやりますか！しっかり答えてくれよ

はじめに

　この本を選んでいただきありがとうございます。
　本書は、**熾烈な投資の世界で個人投資家が生き抜くために重要な部分だけをまとめた入門書**です。

　私は株式評論家として活動している天海源一郎と申します。
　株式投資関連の雑誌・ネットメディアに寄稿し、近年は証券会社の動画にも出演しています。自身もつねに億単位の投資をしながら、次に来る銘柄を予測し「人に儲けてもらう」ことを生業としています。長くこの立場を続けているプロとしては、唯一の存在ではないかと思っています。ほぼ毎日発信している無料メルマガ「天海のつぶやき」も16年目を迎えました。

　投資歴は、2024年現在で32年。就職した放送局で報道部に配属され、東京証券取引所兜記者クラブでの仕事に携わったことがはじまりです。ただ、そのときはバブル経済崩壊直後。株式投資で儲かりやすい時期ではありませんでした。その後もITバブル崩壊、デフレによる日本株低迷期、リーマンショック、東日本大震災／福島原発事故など、次々と襲いかかる荒波を乗り越えてきました。私の株式投資歴の約半分は、不況のなかで上がる株を見分けることに費やしてきたといえます。

　長年、株式市場をウォッチしてきて、わかったことがあります。

1つは「**どんなに悪いときでもすべての銘柄の株価が下がるわけではない**」ということ。不況でも上がる株があり、それを見抜けばいいのです。実際に、デフレの時期は 100 円ショップやドラッグストアなどの安売り業態の株価が上昇し、国が「ジェネリック薬」のシェア拡大を進めたときは、後発薬のメーカーが利益をもたらしました。

　もう1つは、**資金が流れ込むときは「長く保有した方が儲かる」**ということ。「IT バブル」に至る 2 年間では、NEC、富士通、ソフトバンク（当時）、光通信などに国内外からの資金が流れ込み、IT 関連株が目の覚めるような上昇をしました。

　2013 年にアベノミクスが進行してから 2024 年にかけて、8000 円台だった日経平均株価は 4 万円を超えました。外国人投資家の買いのほか、年金運用の国内株比率引き上げや上場企業による自社株買いが増えたことも下値を支えています。

　この構図には大きな変化がなく、さらに新 NISA によって個人投資家の資金も株式市場に流入しています。日本株の黄金時代はしばらく続くでしょう。投資初心者には絶好のチャンスです。

　さまざまな局面を経験し、私は「株式投資の極意」がどういうものかを会得できたと感じています。

その極意とは、「**常に次の動きを予測し、行動を起こすこと**」。いわゆる「勝負の勘」のようなものです。これは当てずっぽうではなく、膨大な過去の投資の事例が、予想外の状況下で、次を見据えた立ち回り方を導いてくれているのです。**株式投資は、時間と経験を重ねれば必ずうまくなります。**

　本書は、できるだけ早く「儲かる個人投資家」になっていただくことを主眼として、多くの設問を収録しています。もしかするとあまり聞いたことがない設問や、想像と正反対の答えがあるかもしれません。それは「株式投資の勘」を身につけてほしいという狙いからです。

　一方で、「深い経済知識を学ぶ」「チャート分析がすべて」などの記述は避けました。多少の知識は必要ですが、それより「市場の流れを読む力」のほうが重要です。株価は「投資家の意見の総意」によって変動します。**「機関投資家の動き／資金の動き」について認識を深めることが、儲けるための近道です。**

　もちろん株価には調整期間があります。一時的に安くなったときにも、それに至る流れを認識すること。何より一発退場になるリスクを冒さないことが大事になります。

　ちなみに私の通称「Mr. ストップ高」は、かつて『週刊現代』（講談社）誌上のプロ評論家対決企画で、私が取り上げた銘柄が、期間内にストップ高をマークし勝利したことから命名されたものです。

株式投資のルールはシンプルです。上がる銘柄を選び、資金を投入し、いいタイミングで売る。初心者でも、シニアでも若者でもそのルールは同じ。ある意味非常にフェアな世界です。多くの知識・知恵を得て参入した者が勝ちに近づくことができます。

　本書の68の問題は、32年間でつちかった投資の神髄をすべて詰め込んだつもりです。その株の知識が、みなさんの資産形成のお役に立てば幸いです。

Mr. ストップ高
株式評論家　天海源一郎

無料メールマガジン「天海のつぶやき」

ほぼ日刊！　逆読み、裏読み等、天海独自の市場の見方を発信

Tik Tok

時事ネタを含めながら株の知識を楽しく紹介

CONTENTS

プロローグ ……………………………………………………… 002
はじめに ……………………………………………………… 008
本書の使い方 ……………………………………………… 015

第1章｜株式投資の基本と市場について

01 個人投資家が株式投資で得られる最大のメリットは？ ……………… 019
02 配当重視の投資に落とし穴はないのか？ ……………………… 021
03 株主優待に注目して銘柄を選ぶのは正解？ ……………………… 023
04 インデックス投信を買うのがもっとも堅実な手法か？ ……………… 025
05 日経平均株価で、寄与度トップ5銘柄が占める割合は？ ……………… 027
06 成長株と割安株、大きく儲かるのはどっち？ ……………………… 031
07 10倍になる銘柄が多いのは、次のうちどっち？ ……………………… 033
08 東証で海外投資家の売買が占める割合は？ ……………………… 035
09 海外投資家の投資スタンスは？ ……………………………… 037
10 個人投資家が日本株で儲けるには、どうするべき？ ……………… 041
● 儲かる人の思考法から学ぶ 株の鉄則！ その1 ……………… 043

第2章｜儲かる銘柄を見つけよう

11 株の銘柄選び 要注目はどっち？ ……………………………… 047
12 効率的に有望銘柄を探す方法は3つのうちのどれ？ ……………… 051
13 セクターを個人投資家の立場で2分割するならどっち？ …………… 055
14 機関投資家が好むセクターを線で結ぼう ……………………… 061
15 企業を評価する際にもっとも重視するべきポイントは？ …………… 063
16 銘柄を次の2つに絞り込んだ。買うならどっち？ ……………… 067
17 銘柄を次の2つに絞り込んだ。買うならどっち？ ……………… 069
18 損益計算書の内容を元に買うならどっち？ ……………………… 071
19 貸借対照表の分析で、正しいものはどれ？ ……………………… 073
20 株価上昇が期待できるのは、次のうちのどれ？ ……………… 075
21 次のうち、買ってはいけない銘柄はどれ？ ……………………… 077
22 PERとPBRの説明として正しいものはどれ？ ……………………… 079
23 儲かる銘柄を見きわめるにはどのように情報と接するべき？ ……… 083
● 儲かる人の思考法から学ぶ 株の鉄則！ その2 ……………… 085

第3章 | 株価が上下するワケ

24 金利上昇の際、株式市場の反応として正しいのは？ ……………… 089

25 日銀の金融政策によって株式市場は…… …………………………… 091

26 為替と企業業績の関係として正しい組み合わせはどれ？ ………… 095

27 日本株にとって追い風となった出来事は？ ………………………… 097

28 次の経済指標のうち日本株への影響が大きいのは？ ……………… 099

29 株価へのインパクトがとくに強かった政策を2つ選べ …………… 101

30 以下のうち日本株に大きなインパクトを与えたのは？ …………… 103

31 日経平均株価の下落が続く原因となった自然災害は？ …………… 105

32 次の出来事による「上昇セクター」と「その理由」を答えよ ……… 107

● 儲かる人の思考法から学ぶ 株の鉄則！ その3 ………………… 109

第4章 | 売買のタイミングの見きわめ方

33 チャートから判断できないのは次のうちどれ？ …………………… 113

34 チャートの推移から見て、この銘柄は見送り？ 買い？ ………… 115

35 チャートの推移から見て、この銘柄は買い？ 売り？ …………… 117

36「ボリンジャーバンド」の説明で正しいものを2つ選べ ………… 119

37 チャートの推移から見て、この銘柄は見送り？ 買い？ ………… 121

38 チャートから見て、買うべき銘柄はどっち？ …………………… 125

39 チャートから見て、新規上場したばかりの銘柄は買い？ ……… 127

40「買い」のタイミングとして正しいのは？ ……………………… 129

41 投資家はテクニカル分析とどう付き合うべき？ ………………… 131

● 儲かる人の思考法から学ぶ 株の鉄則！ その4 ………………… 133

第5章 | 儲かる投資家の頭のなか

42 資金投入の考え方として、間違っているものは？ ……………… 137

43 市場のトレンドを追うために注目するべき業種は？ ………… 139

44 割高な銘柄は購入を見送り、割安な銘柄を買うべき？ ……… 141

45 次の銘柄のなかで、買ってもいいものを2つ選べ …………… 143

46 ゴールデンクロス・デッドクロスの信頼度は？ ……………… 145

47 株価急伸後、すぐに手放す投資家が多い理由を2つ選べ …… 147

48 儲けられる投資家になるために、本当に必要なことは？ …… 149

● 儲かる人の思考法から学ぶ 株の鉄則！ その5 ……………… 151

第6章｜実践スタイルとリスク管理

49 株式投資に投じるべき資金とは？ ……………………………………… 155

50 個人投資家に最適な投資資金の規模は？ ………………………… 155

51 少額投資でも儲けることは可能？ ……………………………………… 155

52 信用取引でかけるレバレッジ（倍率）はどの程度が無難？ ……… 155

53 資金をいきなり全額投入してもいい？ …………………………… 157

54 分散投資でリスクを軽減できる？ ……………………………………… 157

55 損切りとは何か？ ……………………………………………………………… 157

56 損切りラインはどれくらいに設定すればいい？ ……………………… 157

57 投資家が前日の欧米市場の動きから想定するべきことは？ ……… 159

58 取引開始前までに出たニュースをどんな視点でチェックする？ … 159

59 前日の株式市場の振り返りは、翌日の取引にどう結びつく？ ……… 159

60 投資のチャンスになるかは、どうやって判断する？ ……………… 159

61 昨日まで買われていた銘柄をチェックすると何がわかる？ ……… 161

62 昨日まで売られていた銘柄の反転機会はどうやって探ればいい？ … 161

63 寄り付き後の動きに関しては、どういった点を確認するべき？ … 161

64 寄り付き後の展開から、しっかりと把握しておくべきこととは？ ……… 161

65 「人口が減る日本株より米国株のほうがいい」という考えは正しいのか？ … 163

66 SNSインフルエンサーのアドバイスには素直に従うべきか？ ……… 163

67 「過去に大きく損をした人がいるから、株で儲けるのは難しい」と考えるのは賢明か？ … 163

68 コツコツと貯蓄したほうが堅実だから、投資には手を出さないほうがいい？ … 163

エピローグ ………………………………………………………………………… 165

巻末付録

株知識ゼロで読みはじめてしまった人のための基礎知識

巻末付録 01 そもそも株って何なの？ ……………………………………… 169

巻末付録 02 株式投資をすると、どんな利益を期待できるの？ …………… 170

巻末付録 03 取引する証券会社を選ぶ際のチェックポイントとは？ ……… 171

巻末付録 04 最近話題の新 NISA や iDeCo は、はじめないとマズイの？ ‥ 172

巻末付録 05 投資信託って、株式とはいったい何が違うの？ …………… 173

巻末付録 06 インデックス投資って、何ですか？ …………………………… 174

巻末付録 07 株式投資で目指す勝率はどれくらい？ ……………………… 175

※投資は、あくまでご自分の判断で行ってください。本書掲載の情報にしたがったことによる損害については、いかなる場合も著者および発行元はその責任を負いません。

本書の使い方

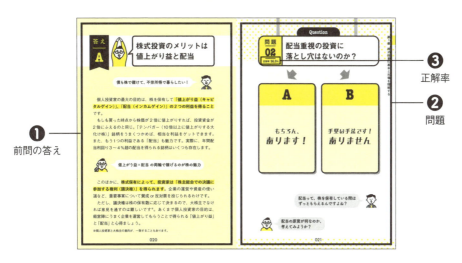

❶ 前ページの問題に対する答えを解説しています。
❷ 株式投資に関するクイズを出題しています。次のページに答えが載っているので、答え合わせをしながら理解を深めていきましょう。
❸ 株初心者に解いてもらった問題の正答率です。難度の目安にしてください。

巻末付録
**株知識ゼロで
読みはじめてしまった
人のための基礎知識**

株の超初心者に向けた基本解説。問題が難しいと感じた方はこちらをチェック！

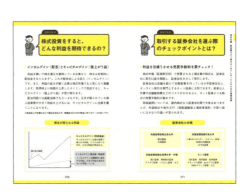

BOOK STAFF

編集協力	細谷健次朗（株式会社 G.B.）、吉川はるか、池田麻衣
執筆協力	大西洋平
本文デザイン	別府 拓、奥平菜月 (Q.design)
DTP	佐藤世志子
イラスト	こかちよ (Q.design)
校正	株式会社 鷗来堂

本書は基本的に2024年8月現在の情報を元に制作しています。最新情報は必ずご自身で確認してください。

015

株式投資の基本と市場について

株式投資の基本や市場について、どれくらいの知識を持っていますか？　まずは腕試しということで、本章では簡単な問題を出題していきます。

初心者特有の「かん違い」を知る

株で儲けるためにはまず
「市場」と「投資家」についての理解が必要になる

どういうことですか？

　企業に投資して利益を得るのが株式投資の目的です。しかしながら、どんな企業に投資すれば儲かるのかを深く考えることなく、身近な企業やSNSでおすすめされた銘柄を買う人もいるでしょう。
　当てずっぽうの投資法でも利益が出ることはありますが、**「なぜ上がるのか」「なぜ儲かるのか」という理由を知らない投資は、ただの運任せ**。ギャンブルと同じで損をする危険性が大きいです。

それって、初心者のボクをディスってません？

　たしかに投資には運の部分もありますが、値上がりする銘柄を見分け、儲かる確率を上げる方法は存在します。とはいっても、ものすごい裏技があるわけではありません。
　株が値上がりする理由はシンプルで、多くの投資家が買えば上がっていきます。つまり、**ほかの投資家の売買パターンをイメージできれば、値上がり株が見つかるのです**。とくに、莫大な資金を持ち、相場を動かす機関投資家の動向をつかむことはとても重要です。
　この章では、「東京証券取引所（東証）」を舞台に、個人投資家が儲けるための基礎知識について紹介していきます。

第1章 株式投資の基本と市場を理解する

Question

問題 01 正答率 84.4%

個人投資家が株式投資で得られる最大のメリットは？

A 株の値上がり益

B 経営に参画する権利

まずは、簡単なクイズから。株式投資で得られるのは？

これは僕にもわかりますよ

株式投資のメリットは値上がり益と配当

僕も株で儲けて、不労所得で暮らしたい！

　個人投資家の最大の目的は、株を保有して**「値上がり益（キャピタルゲイン）」**、**「配当（インカムゲイン）」**の２つの利益を得ることです。
　もしも買った時点から株価が２倍に値上がりすれば、投資資金が２倍に増えるのと同じ。「テンバガー（10倍以上に値上がりする大化け株）」銘柄をうまくつかめば、相当な利益をゲットできます。また、もう１つの利益である「配当」も魅力です。実際に、年間配当利回り３〜４％超の配当を得られる銘柄はいくつも存在します。

 値上がり益×配当 の両輪で稼げるのが株の魅力

　このほかに、**株式保有によって、投資家は「株主総会での決議に参加する権利（議決権）」を得られます**。企業の運営や資産の使い道など、重要事案について賛成or反対票を投じられるわけです。
　ただし、議決権は株の保有数に応じて決まるので、大株主でなければ意見を通すのは難しいです※。あくまで個人投資家の目的は、経営陣にうまく企業を運営してもらうことで得られる「値上がり益」と「配当」と心得ましょう。

※個人投資家と大株主の意向が、一致することもあります。

Question

問題 02
正答率 96.9%

配当重視の投資に落とし穴はないのか？

A もちろん、あります！

B 手堅い手法です！ありません

配当って、株を保有している間はずっともらえるんですよね？

配当の原資が何なのか、考えてみようか？

減配・無配が落とし穴
企業の成長力が大切

配当は預金金利よりよっぽど高いし、
魅力的なんだけどな

　配当とは、企業が稼いだ利益の一部を出資者である株主に還元するもの。近年、東証は上場企業に対して「株主重視」の経営を要請しています。さらに、アクティビストと呼ばれる主張の激しい株主が「株主還元を手厚くしろ！」と企業に詰め寄るケースもめずらしくありません。
　こうした圧力を受けて増配（配当額引き上げ）を行う企業が増えており、とくに初心者の間で高配当銘柄が人気です。

配当の原資は企業の利益。
減配・無配のリスクもある

　しかし、**利益が着実に伸びないと増配の継続は困難ですし、逆に業績悪化で減配（配当額引き下げ）や無配（配当停止）に転じる**おそれもあります。
　そもそも、**株価が上昇すれば、配当利回り（配当額÷株価）は低下する宿命**にあります。逆に配当利回りが高い理由が、業績悪化によって分母である株価が低迷しているだけのこともあるのです。
　重要なのは目先の配当ではなく、今後も利益成長が続いていくことです。それを果たせる企業なら、配当もおのずと伴ってきます。

Question

問題 03 正答率 62.5%

株主優待に注目して銘柄を選ぶのは正解？

A
株主を大事にする企業だから
正解

B
食玩じゃないから、オマケにつられては
ダメ

株主優待は個人投資家の間で大人気ですね

でも、外国人投資家の間では不評だよ

答え B 株主優待は減少傾向 オマケにつられてはダメ

えぇ、優待生活って憧れるけどな……

　たしかに株主優待は個人投資家に人気ですが、実はこの制度を導入している企業の数は、2019年から減少傾向を続けています。その背景の1つには、東証の市場再編があります。
　かつて手っ取り早く株主を増やす手段として株主優待を導入する企業が多数ありました。しかし市場再編によって、**上場基準に定められた「必要株主数」が減った結果、企業にとって経費がかさむ株主優待をはじめる必然性がなくなってきた**のです。
　また、換金できないものもある優待品は大量にもらっても処分に困るという理由で、概して機関投資家から歓迎されていません。海外に籍を置く外国人投資家には進呈されないのも不公平です。

株主還元で配当が重視されるように
なったのも大きいな

　ららぽーとなどの自社開発施設で使えるポイント進呈を決めた三井不動産のように、優待を新設するケースも見られますし、長期保有している人に対象を絞って株主優待を実施する企業もあります。ただし近年は廃止する企業が多いため、全体数が減っているのです。**優待はずっともらえることが約束されているわけではありません。**あくまでオマケにすぎないと思ったほうがいいでしょう。

第1章 株式投資の基本と市場を理解する

Question
問題 04 正答率 31.3%

インデックス投信を買うのが
もっとも堅実な手法か？

A

その通り！

B

そんなに
甘くない！

オルカン※を買っとけば間違いないって聞きました

自分で銘柄を選べない「セット販売」をどうとらえるか

※オルカン
投資信託「eMAXIS Slim 全世界株式（オール・カントリー）」の略称。日本を含む先進国・新興国の株式が投資対象。一部で「これさえ買えばいい」とされることもある人気銘柄

答え B　インデックス投信にはダメな企業も含まれる

オルカン一択じゃダメなの？

　個別銘柄を選ぶのが面倒だったり、あるいは難しかったりして、日経平均株価（日経225）やTOPIX（東証株価指数）などの「インデックス（株価指数）」に連動する投資信託を購入する個人投資家も多いことでしょう。**「当たり外れがある個別銘柄投資と違い、インデックス投資は着実に平均点（市場の平均的な値動き）を享受できる」と説く専門家さえいます。**

　しかし、インデックス投信を買えば本当に平均点が取れるのでしょうか？　実はゆがんだ状態になっているのが現実で、選別せずにセットでまとめ買いすることのリスクを知っておくべきです。

 いい企業だけでなく、
ダメな企業も買うことになる点に注意

　インデックスへの投資とは、**いい企業だけでなくダメな企業、割安株だけでなく割高株にも手を出すことを意味しています。**

　ダメな企業は、インデックスの上昇に貢献せず、パフォーマンスを引き下げています。反対に、インデックスの下落局面であっても、流れに逆らって上昇している銘柄は数多く存在しています。

　たとえば、日経平均株価は日本を代表する企業を選別したインデックスだと思われがちですが、実際には"玉石混交"なのです。

Question

問題 05 正答率 71.9%

日経平均株価で、寄与度トップ5銘柄が占める割合は？

A

約 10%

B

約 32%

先生、寄与度って何ですか？

日経平均の値動きに与える影響力のことだね

第1章 株式投資の基本と市場を理解する

答え B 上位5銘柄だけで約3割の影響力を持つ

そんなに偏っているんだ

　日経平均株価（日経225）は、東証プライム市場に上場している225社の株価から算出されるインデックスです。ただし、225社の株価の単純な平均値ではありません。株式分割や採用銘柄の入れ替えがあっても、指数としての連続性を保てるように、「構成銘柄の採用株価」を「除数」と呼ばれる数値で割って調整しています。
　日経平均は株価が高い一部の銘柄の影響を強く受けます。それらを「寄与度の高い銘柄」と呼びます。
　2024年4月5日時点で寄与度トップ5銘柄が占める割合は、合計すると約32％。つまり日経平均が4万円ならその3割、1万2000円はこの5社の値動きだけで変動しているわけです。インデックス投資では分散投資のメリットを強調されますが、実はかなりゆがみがあり、**寄与度の高い銘柄が日経平均の行方を決定づけている**といってもいいでしょう。

それなら、その5社に直接投資したほうが、効率がいいかも

　実際に、ほかの銘柄の多くが値下がりしていても、寄与度の高い銘柄の株価が急伸したために、日経平均が大幅に上昇した事例が、今までに何度もあります。

日経平均株価とTOPIXの違い

　日経平均株価は、日本経済新聞社が算出している指標で、対象銘柄はプライム市場銘柄の225社です。株価の高い銘柄（値がさ株）の影響を受けやすいという特徴があります。

　一方、東証が発表するTOPIX（東証株価指数）は2165社※が対象。日経平均より日本株全体の株価傾向を反映します。算出には時価総額（株価×発行株式数）の影響が強いとされます。

	日経平均株価	TOPIX
対象銘柄	代表的な225銘柄	2165銘柄※
計算の考え方	株価の平均	時価総額を基準値でわる（株価×発行株式数）

　日経平均株価・TOPIXへの寄与度が高いトップ5銘柄は、以下の通りです。日経平均では半導体装置関連銘柄のほか、ユニクロを運営するファーストリテイリング、ソフトバンクグループ（SBG）がならびます。TOPIXの場合も時価総額の大きい自動車や銀行の影響を受けやすいといえるでしょう。どちらも日本の株式市場を代表する指数ですが、このように中味はかなり違います。

日経平均株価寄与度トップ5銘柄※	TOPIX寄与度トップ5銘柄※
東京エレクトロン（8035）	トヨタ自動車（7203）
ファーストリテイリング（9983）	三菱UFJグループ（8306）
アドバンテスト（6857）	ソニーグループ（6758）
ソフトバンクグループ（9984）	東京エレクトロン（8035）
信越化学工業（4063）	キーエンス（6861）

※2024年4月5日時点

日経平均株価とTOPIX パフォーマンスはどう違う？

　インデックス投資は、ベンチマーク（基準）となる指数と同等の値動きを目指す投資です。ベンチマークが上昇すれば安定した利益を期待できます。

　ただし、日経平均株価、TOPIXはつねに上昇してきた指数とはいえません。1980年代末のバブル期にピークを迎えたあとは30年ほど低迷し、2024年にようやく高値を取り戻しています。インフレが続けば上昇が継続する可能性は高いのですが、下がる余地もあります。

　また、日経平均、TOPIXの変動にもやや違いがあります。たとえばのちにバブルと呼ばれた1990年代末や2021年以降は日経平均株価が相対的に高く、株価が低迷した2000年代はわずかにTOPIXが上回っています。この差は、構成銘柄の差です。つまり、**日経平均株価は、電機、機械、小売が株高のときに上がりやすく、TOPIXは自動車、銀行・保険が好調なときに上がりやすい**といえるでしょう。

　このようにインデックス投資にも偏りや下落のリスクは存在しています。「分散・安定」という過度な幻想は捨てることが大事です。

Question

問題 06 正答率 87.5%

成長株と割安株、大きく儲かるのはどっち？

A

安さ爆発、
オトクな
割安株

B

子どもと同じで、
大きく伸びるのは
成長株

第1章 株式投資の基本と市場を理解する

どっちも儲かりそうな気がして、迷うな

伸びしろが大きいのはどっちだと思う？

答え B

飛躍期待の成長株 ただしリスクもあり

これは納得。僕だけの有望銘柄を見つけたい！

　成長株は**グロース株とも呼ばれ、事業拡大により、売上・利益の大幅な伸びが期待される銘柄**を指します。
　投資家の期待のぶんだけ株は買われ株価は急騰します。
　もちろん、フタを開けてみるとそこまで業績が伸びなかったというケースでは、あっという間に叩き売られるのですが、予想以上の成長を遂げてさらに期待が高まるケースでは、株価が驚異的な上昇を遂げます。

 初心者は成長株に夢を見がちだから、リスクについても知っておこう（P70）

　これに対し、割安株は**バリュー株ともいい、業績予想や保有資産から見て、グロース株に比べて株価が割安な状態の銘柄**です。
　割安株となる原因は、①**地味な存在で見逃されている**、②**すでに評価が定まっている**、のどちらかに大別できます。
　①に該当する場合、何らかのキッカケでスポットが当たり、株価が急騰する可能性も考えられます。しかしながら、飛躍的な業績拡大が続く成長株の伸びしろとは比較になりません。

Question

問題 07 正答率 6.3%

10倍(テンバガー)になる銘柄が多いのは、次のうちどっち？

A 海外で手広く稼ぐ **外需企業**

B 日本国内で頑張る **内需企業**

そもそも外需・内需ってなんでしたっけ？

自動車など主に海外で稼ぐのが外需企業、外食など主に国内で稼ぐのが内需企業

答え B 10倍になる銘柄は内需企業に多い

人口が減っている国内向け企業が
実は伸びているの？

　株式市場では、株価が10倍以上に上昇した銘柄のことを「テンバガー」と呼びます。そんな大化け銘柄はめったにないと思われがちですが、実は**毎年のようにテンバガーは出現しています**。

　たとえば、2023年には英語学習のコーチングサービスを手掛けるプログリット（9560）が半年足らずで10倍高を達成しました。数年間を費やしてテンバガーになる銘柄も合わせるとかなりの数になります。具体例を挙げると以下の通りです。

テンバガー達成企業	
GMOペイメントゲートウェイ（3769）	情報・通信（eコマース事業者向け決済処理サービス）
神戸物産（3038）	小売（安売りスーパー）
MonotaRO（3064）	小売（工具などの通販）
東映アニメーション（4816）	情報・通信（映像・アニメ制作）
コスモス薬品（3349）	小売（ドラッグストアチェーン）

　これらの銘柄の共通点はもっぱら日本国内でビジネスを展開している企業だということです。**テンバガー候補を探すなら、国内市場で急成長を遂げている企業に注目**しましょう。

第1章 株式投資の基本と市場を理解する

Question

問題 08
正答率 62.5%

東証で海外投資家の売買が占める割合は？

A	B
3〜4割	6〜7割

株式市場もグローバル化が進んでいるんだ

こんなクイズが出るってことは、もしかして？

035

答え B　東京市場の6〜7割は海外投資家による売買

株の世界は外国人ばっかりなんだな

　東証では、原則として木曜日に「投資部門別売買状況」が発表されます。これは、「投資主体」がその前の週に行った売買をまとめたものです。

　投資主体とは「投資家のグループ分け」のこと。海外投資家、国内の金融法人（生損保、銀行、信託銀行）、事業法人（投資活動以外の本業がある企業）、投信、個人などに分類されています。

　この資料を見ると、**東京市場（東証）で株価指数が目立った上昇を見せる際に、買い注文が増えるのは「海外投資家」**だとわかります（目立った下落の際も同様）。欧米の投資家を中心に、最近ではアジアの投資家の存在感も増しているとされています。東京市場は海外投資家の動向に強く影響される市場なのです。

 海外投資家といっても、個人でなくファンドがほとんどを占めるよ

　なお、**投資主体によって投資スタイルはおおよそ決まっています**。金融法人は、商品ごとに運用スタイルの違いがばらけるため、市場への影響は限定的。事業法人は、基本的には「自社株買い」がほとんどです。個人投資家は、株価下落の局面で買って、株価上昇の局面で売るという「逆張り」を好みます。

Question

問題 09 正答率 25.0%

海外投資家の投資スタンスは？

A 長期投資

B 短期投資

パッと買ってすぐに手を引きそうだけど……

外国人にも多種多様な投資家がいるからな

答え ― 両方

**海外投資家もさまざま
注目は短期投資家の動向**

ちょっと、この答えはずるくないですか？

　海外投資家も投資スタイルはさまざまです。企業の長期的な業績推移を予想して銘柄を選び、10年単位で保有する前提の「長期投資家」もいれば、そのときの相場の流れに乗じて売買を行い、利益を得る「短期投資家」もいます。
　ときどきニュースで話題になる「モノいう株主」は短期投資家が多いようです。彼らは、**企業の株式を一定数保有しているので、企業経営に影響力を持っています**。そして、経営層とのエンゲージメント（話し合い）によって増配や自社株買いをうながすことで、株価を上昇させて短期的に大きな利益を得ているのです。
　長期投資家は通常目立った動きはありませんが、長期間保有することによってその銘柄の株価の下支えになります。

 海外投資家がつくるトレンドに乗るのが儲けの近道

　平常時に**短期的な値上がりの要因になるのは、外国人短期投資家**です。膨大な資金で、東証の株価変動の要因となっている彼らの動向に注目し、「トレンドに乗る」ことが個人投資家の儲ける秘訣です。

東証で利益を狙う投資家たち(プレイヤー)

海外投資家
東証のメインプレイヤー。主にファンド形態で売買を行う。海外年金資金や政府ファンドのような長期投資家、ヘッジ・ファンドのような短期投資家までさまざま。基本戦略は順張り※。

※株価上昇時に買い、株価下落時に売る投資手法

金融機関
信託銀行として表される。とくに日本の年金資産の運用・管理を行う年金積立金管理運用独立行政法人(GPIF)は国内株式市場で約50兆円を運用する巨大な投資家。基本戦略は逆張り※。

※株価下落時に買い、株価上昇時に売る投資手法

GPIFの通称はクジラ

投資信託(ファンド)
国内の投資信託による売買。アクティブ型※1とパッシブ型※2がある。新NISAで資金が流入。存在感が増す。

※1 ベンチマーク(基準となるインデックス指数)を
　　上回る運用を目指す
※2 ベンチマークと同様の運用を目指す

事業法人
金融機関以外の事業会社(本業が別にある企業)による株の売買。自己資金を運用する企業もあるが、大部分は「自社株買い」。近年は急増している。

個人

私たちのような一般の投資家。小型株やグロース株など企業の成長を夢見る投資が好き。基本戦略は値下がりしたら買い、値上がりしたら売る逆張り。短期売買を好む人が多いが、2024年からスタートした新NISA枠の影響で、長期的な保有が増えると考えられる。

株式市場をリードする投資家が値動きを支配する

　株式市場は最初に動きをつける投資家に支配されやすいといわれます。

　とくに機関投資家（なかでも海外投資家）は、ニュースなどを材料に、巨額の資金を投入して最初の売買を行い、値動きを方向づけします。それに、ほかの投資家が追随すると、その銘柄の株価が上昇して大きな利益を得られるわけです。つまり、彼らはリスクを冒しながら「先行者利益」の獲得を狙っているのです。

　一方で、個人投資家の資金は少ないため、トレンドをみずから生み出すことは難しいです。それゆえに、先行する投資家が生んだ「トレンドに乗る」のが勝つための手段となります。

　今の東京市場で注目するべきは海外投資家の動きです。証券会社や報道記事の場況（相場の動きを解説したもの）や経済誌、ネット記事から、海外投資家が何を要因にして、どのように売買しているのかを知ることが重要です。

| 問題 10 | まとめクイズ
個人投資家が日本株で儲けるには、どうするべき？ |

 これまでの内容を読んで、あなたの考えを整理してみましょう。

どういう答えがベストか、ヒントをください

仕方ないな。これまで学んだ「株のプレイヤーは誰か」を考えてみるのがポイント

答え

市場を観察し、機関投資家が起こす大きな流れに乗る！

乗るしかない！このビッグウェーブに！ってやつですね

　自分は何のために株式投資をやっているのかと問われて、あなたはどう答えますか？　本当なら、誰の返答も同じになるはずです。お金を儲けること以外に、株式投資をやる目的はありません。株を買っていると長生きできるとか、そんなことはないのです。
　言い換えれば、儲かったら正解で、儲からなかったら不正解だということ。当然ながら、儲からなければ長く続けられません。

お金を儲けること以外に株式投資の目的はない！

　儲けることを大前提とした際、とくに個人投資家が強く認識しておくべきは、市場を動かすのは自分ではないという事実です。市場には、多くの資金を動かす外国人投資家や機関投資家によって生み出される「流れ」があります。**あくまで個人投資家はそれに乗っかるのだというスタンスで臨むのが肝心**です。
　自分なりの投資スタイルを確立させようと考える人もいるようですが、流れが変われば役に立ちません。それよりも、目の前の相場でどんな銘柄に資金が集まっているのかを理解することのほうが先決。私自身が30年以上にわたって株式投資を続けられているのも、市場の流れを観察してきたからです。

儲かる人の思考法から学ぶ　その1

株の鉄則！

☐ 個人投資家が儲けるためには
「外国人投資家の起こす流れ」に乗ることが大事

☐ 株式投資で目指すべきは「値上がり益」。
「配当」や「株主優待」を一番の目的にしない

☐ 日経平均株価は上位5銘柄の影響力が3割を占
める。インデックス投資の分散効果は限定的

☐ 値上がり益を期待できるのは成長株

☐ 10倍以上になる銘柄がよく出るのは内需企業

☐ 東証の売買代金の6〜7割は外国人投資家

儲かる銘柄を見つけよう

儲かる株の銘柄はどう見きわめたらいいのか。投資家にとって最重要課題ともいえるこの問題を、クイズを出題しながらわかりやすく解説します。

儲かる銘柄はどこにある？

個人投資家としてのスタンスがわかったら、早速、銘柄を探そう

機関投資家が注目している銘柄を見つけるということですね

　銘柄選びは、株式投資で儲けるための根幹の部分です。やみくもに株を買い続けていると、運任せのギャンブル投資家から脱却できません。新聞と会社四季報ぐらいしかなかった昔と比べ、今は株に関する情報が大量にやり取りされています。反面、**信頼できる情報の見分け方や、株価動向の推測の仕方がわからないまま、資産を減らす初心者投資家も少なくない**のです。

株掲示板に、SNS……
どれを信じていいかわかんないよなぁ

　この章では、**①信頼できる情報の集め方、②株式相場を概観するためのセクターの知識、③決算書の見方、この３つの視点を通して、機関投資家が着目する「値上がり銘柄」の兆しの見つけ方について解説**していきます。
　もちろん、やり方は投資家によって星の数ほどありますし、ほかのやり方を否定しませんが、まずはベーシックな銘柄選びについて知っておきましょう。

Question

問題 11 正答率 75.0%

株の銘柄選び 要注目はどっち？

A ネット掲示板で話題の銘柄

B アナリストの評価が高い銘柄

今はユーザーの口コミでヒットする商品が多いですよね

口コミは「個人の感想」。期待外れも多いけどね

答え B　定点観測を続けるアナリストの意見は貴重

掲示板の話は「個人の感想や思惑」でしかないのか

　ネット上の掲示板では個人投資家と思われる人たちが活発に意見交換を行っていますが、それらの書き込みはあくまで「個人の感想や思惑」であり根拠は不明。つまり、**不確かな情報であって、大事なお金を投じる決め手にするのはリスキーです。**

　掲示板のコメントには、書き込んだ人の思惑も介在しがちです。自分の保有株の株価がもっと上がってほしいから、ほかの投資家に「買い」を推奨しているというパターンもめずらしくありません。

信頼できる情報は大手証券会社にあり！

　一方、大手証券会社などのアナリストは、特定のセクター・銘柄を担当し、継続的に調査を続けています。好ましい変化やその逆にも敏感で、**彼らが施したレーティング（投資評価）は、（それだけで決定打とはならなくても）有力な参考材料の1つになります。**

　手軽さからネット証券で投資をはじめる初心者も多いのですが、多数のアナリストを抱えて本格調査を行っているという点においては、大手・準大手総合証券のアナリストレポートは必見。口座は無料で開設できるので、アナリストレポート目当てで口座を持つのもおすすめです。

これがアナリストレポートだ！

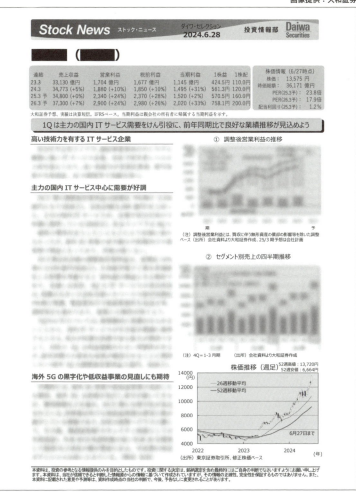

画像提供：大和証券

その企業の事業内容や強み、業績の推移、成長戦略とその進捗状況、注視すべき足元における変化などが記載されており、それらを踏まえたアナリストの結論である「レーティング（投資評価）」が施されている。

ほかにもある！信頼できる情報のつかみ方

日本経済新聞の一面
無料で閲覧できるネットニュースでは、興味のある見出しを選んで読むため、情報に偏りが生じがち。日本経済新聞の紙面を見渡す習慣をつけよう。まずは株価に影響を与える政治経済の動向を知るのがその目的だ。

日本経済新聞の株価欄
もう1つ日課としたいのは、朝刊の株価欄を見渡すこと。前日の株式市場においてどういった銘柄が買われ、どのような銘柄が売られたのかを俯瞰することが大事。毎日続けていくうちに、株式市場における物色の変化が手にとるようにわかってくる。

会社四季報
東洋経済新報社が四半期ごとに発行。半ページずつのスペースに個々の企業の基本情報がわかりやすくまとめられており、独自の業績予想も出ている。

株価ヒートマップ
株価の上昇・下落を、色の違いや濃淡によって視覚的にとらえられるツール。ネット証券会社などが提供している。ただし大きく動いた銘柄は目に入る一方、相場全体での物色動向がすべてわかるわけではない。

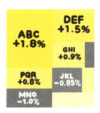

ロイター通信＆ブルームバーグ（外電）
ロイターは世界的な通信社で、ブルームバーグは金融経済に的を絞ったニュースを配信。どちらも株式市場に関連の深い情報を流しており、ネット上でもチェックできる。

第2章 儲かる銘柄を見つけよう

Question

問題 12
正答率 40.6%

効率的に有望銘柄を探す方法は3つのうちのどれ？

A ニュースなどを見て **投資家の動きをイメージする**

B 「会社四季報」を利用して **企業内容の詳細を知る**

C 活発に買われている **セクターをチェック**

株式投資のバイブル「会社四季報」の一択でしょ

辞書のように必要なところを読むのにはいいけどね

答え C 物色が集中している
セクターをチェック

セクターってなんでしたっけ？

　株式投資の世界において、セクターは「業種・業界」に近い意味合いで用いられます。東京証券取引所（東証）の上場銘柄は、①建設、②化学、③鉄鋼　④電気機器・精密、⑤輸送用機器　⑥商業、⑦金融、⑧不動産、⑨通信、⑩電気・ガスといった10種に大きく分類されたうえで、さらに33業種に細分化されています。

プロの投資家は、まずはこのセクターを絞り込むんだ

　外国人投資家を筆頭に、大口の買い手の間ではセクター単位でターゲットを定める傾向がうかがえます。たとえば、2024年に日経平均株価が一気に4万円を上回り、バブル期につけた史上最高値を更新した際には、半導体関連株や電気機器・精密を中心とする銘柄の株価上昇が目立ちました。

　ただし、**つねに特定のセクターが注目され続けるとは限らず、折々で物色の矛先が変わっていきます**。セクター単位で相場の動きを観察しながら、投資家の動きがシフトしていく方向に注目することが大切です。

東証銘柄の主なセクター（TOPIX-17）

TOPIX-17とは？

長く用いられてきた33業種の分類を投資の利便性という観点から見直し、17業種に再編したもの。ETF（上場投資信託）としても上場されています。これを参考にするのがわかりやすいでしょう。

具体的にどんな企業が含まれるのか、右のリストとつないでみよう

① 食品	ソフトバンクグループ、KDDI、任天堂
② エネルギー資源	野村HD、第一生命HD、東京海上HD
③ 建設・資材	コマツ、三菱重工業、ディスコ
④ 素材・化学	信越化学工業、富士フイルムHD
⑤ 医薬品	三菱地所、三井不動産
⑥ 自動車・輸送機	セブン&アイ・HD、ファーストリテイリング
⑦ 鉄鋼・非鉄	日立製作所、東京エレクトロン
⑧ 機械	INPEX、石油資源開発
⑨ 電機・精密	日本製鉄、東京製鐵
⑩ 情報通信・サービスその他	三菱UFJフィナンシャル・グループ、みずほフィナンシャルグループ
⑪ 電力・ガス	東京電力HD、東京瓦斯
⑫ 運輸・物流	トヨタ自動車、本田技研工業、デンソー
⑬ 商社・卸売	三菱商事、三井物産
⑭ 小売	キッコーマン、日本たばこ産業
⑮ 銀行	東日本旅客鉄道、ANAHD、日本航空、日本郵船
⑯ 金融（除く銀行）	大林組、大成建設、大和ハウス工業、LIXIL
⑰ 不動産	第一三共、武田薬品工業

セクターと代表企業のリスト

	セクター	代表企業
①	食品	キッコーマン（2801）、日本たばこ産業（2914）
②	エネルギー資源	INPEX（1605）、石油資源開発（1662）
③	建設・資材	大林組（1802）、大成建設（1801）、大和ハウス工業（1925）、LIXIL（5938）
④	素材・化学	信越化学工業（4063）、富士フイルムHD（4901）
⑤	医薬品	第一三共（4568）、武田薬品工業（4502）
⑥	自動車・輸送機	トヨタ自動車（7203）、本田技研工業（7267）、デンソー（6902）
⑦	鉄鋼・非鉄	日本製鉄（5401）、東京製鐵（5423）
⑧	機械	コマツ（6301）、三菱重工業（7011）、ディスコ（6146）
⑨	電機・精密	日立製作所（6501）、東京エレクトロン（8035）
⑩	情報通信・サービスその他	ソフトバンクグループ（9984）、KDDI（9433）、任天堂（7974）
⑪	電力・ガス	東京電力HD（9501）、東京瓦斯（9531）
⑫	運輸・物流	東日本旅客鉄道（9020）、ANAHD（9202）、日本航空（9201）、日本郵船（9101）
⑬	商社・卸売	三菱商事（8058）、三井物産（8031）
⑭	小売	セブン&アイ・HD（3382）、ファーストリテイリング（9983）
⑮	銀行	三菱UFJフィナンシャル・グループ（8306）、みずほフィナンシャルグループ（8411）
⑯	金融（除く銀行）	野村HD（8604）、第一生命HD（8750）、東京海上HD（8766）
⑰	不動産	三菱地所（8802）、三井不動産（8801）

個別の企業でなく、セクターで考えることで、投資家の資金が今どこに集中しているのかが理解しやすくなる。そこから、次の流れを想定するんだ

第2章 儲かる銘柄を見つけよう

Question
問題 13 正答率 81.3%

セクターを個人投資家の立場で2分割するならどっち？

A 人気が集まる有名企業と耳慣れない企業

B 外需企業と内需企業

プライム市場にも、なじみのない名前の企業がけっこうあるんですね

個人投資家は知名度のある企業に飛びつきやすいからな

055

答え B 外需企業と内需企業に大別できる

ちょっと前（P33）でも出てきましたね

　外需企業とは、輸出型企業のことで、海外で多くを稼いでいる企業です。一方、売上のほとんどを日本国内でまかなうのが内需企業です。

　輸出企業では海外で現地生産を行っているケースもめずらしくないため、外需と表現するのが一般的になっています。**海外がメインのターゲットとなっているだけに、外需企業の企業業績は為替相場の推移が少なからず影響を及ぼします**。また、概して業績が欧米の景気動向に左右されがちです。

　国内市場がビジネスの中心となっている内需企業は、為替相場や海外景気の影響を受けにくいといえます。通信や食品、医薬品などはあまり景気に左右されず安定的な需要が見込まれることから、ディフェンシブセクター（防衛的産業）と呼ばれています。

ざっくりいえば、不景気でも儲かる企業ってこと

　ただ、時代の変化の影響を受ける場合も多く、物価上昇を製品価格に転嫁（値上げ）したことで足元の業績が拡大中の食品は、今までとは異なる特性を示しています。たとえば、**しょうゆで知られる「キッコーマン」は、かつて内需企業の典型でしたが、日本食が世界中で人気を博してからは、今や利益の約7割を海外で稼いでいます**。

似た動きをするセクターリスト

　セクターのなかには、同じような株価の動きをするものがあります。たくさん覚えられない！という人は、下の5つだけざっくり覚えておきましょう。

1
外需企業の典型

機械、精密、
輸送機器、電気機器

2
**金利の先行きに
敏感**

銀行、保険

3
**中国経済の影響を
受けやすい**

化学、機械、鉄鋼

4
**エネルギー・
資源価格に敏感**

商社・卸売、非鉄、
運輸・物流

5
**景気変動の影響を受けにくい
（ディフェンシブセクター）**

情報通信、医薬品、食品

景気の循環に着目する「セクターローテーション」とは？

　景気が循環することに着目した戦略のことを、株式投資の世界では「セクターローテーション」と呼んでいます。これは、循環プロセスに応じて物色のターゲットに定める業種を臨機応変に変更していくというアプローチです。日本銀行は景気減速期、景気後退期、景気回復期、景気拡大期の４つに分類したうえで、今がどの局面に位置しているのかを判断しています。一般的に「セクターローテーション」戦略では、局面に合わせて、次のような銘柄を物色します。

景気減速期〜景気後退期

主な物色対象となるのは、エネルギーや公共セクター、通信、食品やヘルスケアなどの生活必需品関連です。これらの銘柄は、不況下でも安定的な需要が見込まれるからです。これらはディフェンシブセクターと呼ばれます。

景気回復期

景気が回復しはじめると、鉄鋼、化学、紙パルプなどの素材、工作機械などの設備投資関連が物色され、これらのセクターは「景気敏感株」と呼ばれています。景気回復過程ではハイテク株も人気化しがちです。

景気拡大期

次第にインフレ（物価上昇）も進行し、商品市場の上昇を追い風にエネルギーや素材、商社などが盛り上がるケースが多くなります。さらに、景気拡大期では長期金利と短期金利の格差が拡大しやすく、その格差が収益の増加に結びつきやすい銀行などの金融セクターも物色されます。

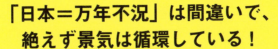

「日本＝万年不況」は間違いで、絶えず景気は循環している！

　1990年代初頭のバブル崩壊以降、日本経済は「失われた30年」と呼ばれた長期低迷に陥ったこともあり、日本の景気がよくなったという実感がなかったかもしれません。

　しかしながら、実際の景気は循環をくり返し、好況も不況も永遠に続くものではありません。

　好況期を迎えて商品やサービスの売行がよくなると、企業は強気になって供給を拡大します。すると供給が需要を上回り在庫が積み上がって、今度は企業活動が縮小。在庫一掃のための値下げは「もっと安くなる」という心理を呼び個人消費も落ち込みます。こうして不況に突入するわけです。このように景気はつねにくり返します。経済状況を見ながら「次に何が来るか」を敏感に予想しましょう。

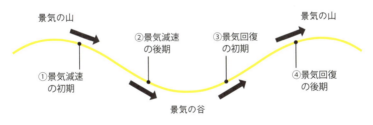

	①	②	③	④
GDP	減少	大幅減	持ち直し、増加	徐々に減少
物価	高止まり	低下	持ち直し	上昇

| 注目セクター | エネルギー 生活必需品 ヘルスケア | 公共事業 通信サービス 不動産 | 素材 工作機械 ハイテク | エネルギー 素材 商社 金融 |

※景気減速と景気後退が混同されがちだが、前者は景気の拡大ペースが鈍った状況、後者は経済がマイナス成長に陥っている状況を意味する。海外ではGDP（国内総生産）が2四半期連続で前期を下回った場合、日本ではDI（景気動向指数）が50％を割り込む状況が続いた場合に、景気後退に陥ったと判断する指針となる。

特異な存在のディフェンシブセクター

ディフェンシブセクターとは？
景気が悪くなっても極端な落ち込みはなく、安定的な需要が見込まれるセクターのこと。一般的に「景気が悪くて外需系の株価が低迷している局面」でスポットが当たりやすい銘柄になります。

情報通信
ケータイ会社のソフトバンクと、投資会社の側面を持つソフトバンクグループを間違えないように

医薬品
新薬の開発を手掛ける大手製薬は、開発の進捗状況などが株価に影響を及ぼすことがあるな

食品
ここ数年、物価上昇に伴う値上げが奏功して業績が拡大していることもあり、食品株は過去とは異なる特性を示すようになった。まるで成長産業のような印象だな

Question

問題 14 正答率 56.3%

機関投資家が好む
セクターを線で結ぼう

1	外国人投資家	A	33業種ぜんぶ
2	年金（GPIF）	B	銀行株
3	アクティブ運用ファンド	C	そのときの人気業種
4	高配当株運用ファンド	D	一概にはいえない

第2章 儲かる銘柄を見つけよう

アクティブ運用って何でしたっけ？

 インデックス（株価指数）より、もっと儲けることを狙う運用方法のことさ

答え		
1 外国人投資家	→	C そのときの人気業種
2 年金（GPIF）	→	A 33業種ぜんぶ
3 アクティブ運用ファンド	→	D 一概にはいえない
4 高配当株運用ファンド	→	B 銀行株

　卵とニワトリのどちらが先かという話に似ていますが、外国人投資家のなかでも**アクティブ投資をする投資家は折々でもっとも人気になりそうなセクターに狙いを定めますし、彼らが積極的に買うから人気になるという側面もあります**。2024年の第1四半期で具体例を挙げれば、鉄鋼、輸送用機器（自動車）、精密機械・化学（半導体関連）、総合商社が買われました。上記はいずれも外需系株ですが、内需系株にまったく手を出さないわけではありません。

　　　　　　　　お金がそのセクターに集中して
　　　　　　　　値上がりするわけか

　公的年金の原資を運用するGPIF※は、TOPIXや日経平均株価に連動する運用を行うため、全業種を手掛けることになります。**株価指数に連動するインデックス運用の日本株ファンドも同様です。**
　アクティブ運用の日本株ファンドは、商品ごとに運用方針や投資対象が異なり、個別銘柄を精査して絞り込むタイプもあります。
　高配当株で運用する日本株ファンドでは高配当の銘柄が選ばれ、セクターでいえば、金融（銀行）がその典型例です。

※ GPIF
年金積立金管理運用独立行政法人　P39参照

Question

問題 15 正答率 90.6%

企業を評価する際にもっとも重視するべきポイントは？

A 知名度

B SDGsへの取り組み

C 業績

D 女性役員の有無

市場シェアとかを考えたら知名度とか？

投資家を目指すなら「何が目の前の株価にすぐ影響を及ぼすか」から考えようか

答え C 企業評価はまず「業績」から

業績拡大が期待されるから、株価（企業価値）も高まる！

マイナーであまり知られていない上場企業に比べて、有名企業は、より多くの投資家から注目されています。その点で、知名度の株価への影響はゼロではありません。

とはいえ、**儲けるために株式投資をやっているなら、「知っている企業だから」という理由だけで買う根拠にしてはいけません**。あくまで業績が伸びて企業価値が高まると期待されるから、株価上昇につながることを肝に銘じてください。

株価は投資家の「業績」への期待の大きさ。利益予想の何倍にも膨れ上がることもある

とくに高い成長が見込まれている銘柄は、利益予想（予想EPS[1]）の何十倍もの株価をつけるケースがめずらしくありません。生成AI需要に沸く米国の半導体メーカー・エヌビディアにその製造装置を供給している東京エレクトロンのPER（株価収益率）[2]が2024年の春、一時50倍超に達したのがその好例でしょう。

株式市場はポジティブな変化を歓迎しますから、たとえ足元が赤字でもかまいません。V字回復を果たして黒字転換する可能性が高まった銘柄にも、積極的な買いが入るケースがあります。

※1 1株当たり純利益。当期純利益÷発行済株式総数で算出。多いほど業績が好調。
※2 株価÷EPS（1株当たり純利益）で算出。基本は1倍。多いほど株価が高騰している。

決算資料はまずここを見る

優先順位 1

来期の業績見通し

株式市場は過去よりも将来を重視している。株式市場が実績以上に重視しているのは、来期の見通し。事前の業績予想から大きく上振れ・下振れした場合は株価も動くが、想定内なら反応薄。

優先順位 2

過去の業績推移

売上と利益がどちらも右肩上がりを描いているのが理想。ただし、その場合はすでに株価に好業績が織り込まれていて、株価が上がりきっている可能性もある。

優先順位 3

稼ぐ力

売上高営業利益率（営業利益÷売上高）やROE（自己資本利益率＝当期純利益÷自己資本）の数値をもとに、その企業の稼ぐ力を判定。同業他社と比べて高いかどうかをチェック。

優先順位 4

財務基盤

売上高有利子負債比率（有利子負債÷売上高）に大きな変化があった場合は、その理由が気になるところ。「継続企業の前提に関する注記」が記載されている場合は論外※。

※簡単にいうと「倒産リスクがほかの企業より高い」ことを示す

決算短信を見てみよう

決算短信の最初のページには業績や財務、キャッシュフロー、配当の状況。続いて翌期の業績予想が書かれている。

そのあとには、業績や財務、キャッシュフローの状況の詳細や事業(セグメント)ごとの概況、貸借対照表(バランスシート)、損益計算書などの資料が添付される。

「自社株買いを実施したか」も決算短信には書かれている。「自社株買い」とは、企業が自社の株を市場で買い戻すこと。その分だけ市場で流通する株式数が減るから、業績が下振れしなければEPS(1株当たりの純利益)が増え、株主への利益配分も増えることになる

Question

問題 16 正答率 53.1%

銘柄を次の2つに絞り込んだ。買うならどっち？

A 流動性の高い銘柄

B 値動きのいい中小型の銘柄

> 中小型株って？ 株にサイズがあるんですか？

> 時価総額（株価×発行済み株式数）が相対的に小さめの銘柄のことだね

答え A

流動性の高さは株価上昇の継続にも大切

流動性が低いと売買不成立のおそれもある

株式投資における流動性とは、取引の成立（売買注文の約定）のしやすさを意味しています。

日ごろから活発に買い注文や売り注文が出ている銘柄は、それだけ取引が成立しやすいといえます。つまり、流動性の高い銘柄は買いたいと思ったらすぐに買えて、売りたいと思ったらすぐに売れるわけです。

逆に流動性の低い銘柄は、買い注文を入れてもその条件に応じる売り手が見つからない、あるいは売りたくても買い手が出てこないというリスクがあります。

売りたくても売れない株を抱えるのは怖いな

流動性を計るモノサシとなるのは、**出来高（売買された株数）** や **売買代金、発行済み株式数** です。時価総額（株価×発行済み株式数）が大きい100銘柄を大型株と呼んでおり、それらはおおむね流動性が高いと判断できます。

時価総額が相対的に小さい銘柄は中小型株といい、流動性の低さがネックとなることもあります。**時価総額が小さいとちょっとした資金流入で株価が上がりやすい（値が軽い）** のもたしかですが、**下がるのも急で上昇が長続きしにくい**という側面もあります。

Question

問題 17 正答率 34.4%

銘柄を次の2つに絞り込んだ。買うならどっち?

A

成長性を
秘めた
新興企業

B

業績も
知名度も
抜群の
大手企業

大手はすでに株価も高いし、大きく化けそうな株を選びたくなりますね

クドいようだが株式投資はギャンブルとは別物!

答え B 買うなら大手企業 新興企業はリスク大

これから伸びる可能性に賭けちゃだめですか？

　成長のポテンシャルを秘めた無名の新人か、それとも実績や知名度で圧倒する巨頭のどちらを選ぶか？　こう問われると、多くの方は前者に大きな期待を抱くかもしれません。

　ただし、シビアな話をすると、**期待通りの大成長を遂げる新興企業はほんの一握りにすぎないのが現実です**。「今の勢いからすると、10年後にはスゴイ企業になっているかも!?」と夢が膨らみがちですが、株の世界では残念ながら期待外れとなることのほうが圧倒的に多いのです。

　その点、知名度の高い大手企業は、株式市場でも流動性が高く、好業績などを好感して株価が上昇すれば、その流れが継続しやすいといえます。また、売買注文が約定しやすい点も見逃せません。

 **知名度は大事なんだ。
企業の社名変更が株価に悪影響をもたらすこともある**

　まれではありますが、**社名変更や組織再編等によって企業の知名度が大幅に下がってしまい、一時的に株価が低迷することもあります**。ニデック（旧日本電産）やレゾナック・ホールディングス（旧昭和電工）、横浜銀行と東日本銀行の親会社であるコンコルディア・フィナンシャルグループなどがその具体例です。

Question

問題 18 正答率 50.0%

損益計算書の内容を元に買うならどっち？

A

営業利益は**横ばい**だが、売上は拡大している銘柄

B

売上は**横ばい**だが、営業利益が継続伸長した銘柄

営業利益って何でしたっけ？

 製造業だと本業で稼いだ利益が営業利益で、本業以外の稼ぎ（不動産収入や配当収入）も含んだものが経常利益だね

答え B　本業の儲け（営業利益）がまず大事

　売上が伸びているだけじゃダメなんですね

　原材料費や人件費など、自社の製品・サービスを提供するためのコストを売上高から差し引いたものが利益です。通常なら売上が拡大すれば、利益も増えるものですが、現実には売上が増えても利益が伸び悩む、あるいは減少傾向を示すケースがあります。**生産性の低下、原材料の高騰、販管費の増加などが原因です**。同業他社と比べても利益率が低い企業は投資対象としての魅力に欠けます。

　売上よりも利益を重視するのが投資家だ

　損益計算書をチェックする際には、本業の稼ぎの営業利益の推移をまず重視しましょう。営業利益が増加し続けている企業は、一時的に売上高が前期比で減収になっても、利益を得られており、投資対象として問題ないという理解です。
　ただし、**営業利益が前期比＋20％ペースのような大きな率で伸び続けるのは並大抵なことではありません**。ハードル（前年の実績）が高いとその継続は難しいもの。たとえ来期が10％増益予想に落ち込んだとしても悲観せず、まずは株価（ほかの投資家）の反応を見たほうがいいでしょう。

Question

問題 19 正答率 50.0%

貸借対照表の分析で、正しいものはどれ？

A 自己資本比率の高い銘柄は財務が健全

B 負債（他人資本）を活用するのも有効な経営手法

C 実は、どちらも正しい

自己資本ってどういう意味？

株主から出資してもらった資本のことだね

答え C 業態次第。借り入れの活用が評価されることも

一般的には、自己資本比率が高いほど財務は健全なんだが……

　自己資本比率とは、自己資本を総資本（他人資本＋自己資本）で割って算出した数値。

　株主から集めた自己資本は返済義務がなく、自己資本比率が高いと財務面は健全と判断されるのが一般的です。 これに対し、他人資本は負債とも呼ばれ、返済義務を負うものです。したがって、負債が占める割合が大きいと財務面が健全ではないと見なされがちで、とくに日本では「無借金経営」が高く評価される傾向があります。

借金は怖いですもんね

貸借対照表の例

資産の部	負債の部
科目	科目
流動資産	流動負債
固定資産	固定負債　他人資本
有形固定資産	負債合計
無形固定資産	純資産の部
投資その他の資産	株主資本
繰延資産	資本金
	資本剰余金
総資本	利益剰余金
	自己株式　自己資本
	その他の包括利益累計額
	新株予約権
	非支配株主持分
	純資産合計
資産合計	負債純資産合計

　しかし、たとえば物件の開発に巨額の資金を要する不動産業界では、そのビジネスモデルの特性から負債が占める割合が概して高いのが常識。むしろ、**自己資本の投入を抑えて他人資本を上手に活用することが効率的な経営である** ともいわれています。

Question

問題 20 正答率 65.6%

株価上昇が期待できるのは、次のうちのどれ？

A 自己資本比率が上昇している銘柄

B ROE（自己資本利益率）が改善している銘柄

C どちらも期待できない

第2章 儲かる銘柄を見つけよう

ROE（自己資本利益率）って、何がわかる指標？

株主の出資金をどれだけ効率的に活用して利益を上げたかってことだね

ROE改善は効率的な経営の証明

答え B

資金を使って効率的に稼ぐ企業ってことですもんね

　ROE（自己資本利益率）は当期純利益を自己資本で割って算出した数値で、**株主が出資した資本を元手に、どれだけの利益を稼いでいるのかを示す財務指標**です。ROEが高いほど効率的な経営が行われていると見なされるため、機関投資家も高く評価する傾向がうかがえます。

 未来永劫、効率的に利益を出すとは限らないけどね

　一方、自己資本比率はP74でも述べたように、株主から集めた資本が総資本に占める割合のこと。自己資本は返済義務がないことから、自己資本比率が高いほど財務面が健全と判断されます。
　もっとも、資本金が不足した過少資本状態でも自己資本比率が高くなるケースがあります。そのため、**一概にこの財務指標だけで判断を下すのは考えものです。**
　今の株式市場で機関投資家が重視している指標であるという意味では、ROEが改善している企業のほうが注目を浴びやすく、その分だけ株価も上がりやすいといえそうです。かつて多くの日本企業の間では、ROEが低いことが経営課題でしたが、最近は改善傾向にあります。

Question

問題 21 正答率 15.6%

次のうち、買ってはいけない銘柄はどれ？

A 営業CFがマイナスの銘柄

B 投資CFがマイナスの銘柄

C 財務CFがマイナスの銘柄

そもそもCF（キャッシュフロー）とは？

企業に入ったお金から、出ていったお金を引いた差額のことだね

答え A

営業CFのマイナスは本業で利益がない状態

投資CF、財務CFはマイナスでもOK

キャッシュフロー（以下CF）は入ってきたお金から出ていったお金を差し引いた収支。年間収支をまとめたキャッシュフロー計算書では、営業CF、投資CF、財務CFの3区分で記載されます。

営業CFは営業活動における収支で、これがマイナスに陥っていると、本業が儲かっていないことを意味します。売上の減少や経費の増加、売掛金の回収遅延などがその原因です。

投資CFとは、設備投資や企業買収など投資活動での収支です。こうした投資は将来的に売上や利益を増やすために行うため、一時的に投資CFがマイナスでも、悲観する必要はありません。

財務CFとは、借り入れや株式発行による資金調達、返済や配当の支払いなど財務活動における収支。マイナスの場合、返済や配当に充てたお金が多く、資金面に余裕がある企業とも見なせます。

CFの状況	意味	投資
営業CFがマイナス	本業が儲かっていない	×
投資CFがマイナス	投資活動が活発	○
財務CFがマイナス	返済や配当が多い	○

Question

問題 22 正答率 37.5%

PERとPBRの説明として正しいものはどれ？

A 株価が割安か、割高か を評価する指標

B 企業価値が高いのか、低いのか を評価する指標

C エコへの取り組みやビジネスモデル を評価する指標

先生、PERとPBRは何の略か教えてください

 それに答えたらネタバレなんで（笑）。ヒントだけ。日本語では株価収益率、株価純資産倍率と訳すよ

答え A

> PER、PBRは株価の割安・割高を表す

PERはその企業の利益と株価水準、PBRは保有資産と株価水準を比べた指標

　PER（株価収益率）は株価をEPS（1株当たりの純利益）で割って算出した数値で、その企業が稼ぐ利益と比べて、株価が割安なのか、割高なのかを判定する指標です。**業界によっても平均的な水準が異なりますが、一般的にはPERが20倍を超えると割高感が出てくると見なされています。**

　PBR（株価純資産倍率）は「株価÷BPS（1株当たりの純資産）」という計算式で算出した数値で、その企業の保有資産と比べて株価は割安なのか、割高なのかを判定するために用いられます。

　PBRについては、1倍を割り込むとその企業が解散した際の資産価値を株価が下回ることから、きわめて割安だといわれます。

> とはいえ、実際に解散しても、株主に一銭も入らないけどな

　さすがにPBR1倍割れが続くことは好ましくないと東証が苦言を呈し、そんな状況に陥っている上場企業に対して是正を求めています。要は、株価が上がるような策を講じなさいとの要請です。

駆け出し投資家の疑問
PERが割高な水準に達すると株価は下がるの？

PERが割高でもその後必ず下がるとは限りません。また、地味なビジネスを手掛けて知名度も低い銘柄は、低PER（株価が割安）のまま長く放置されがちです。

東京エレクトロンのPERと株価の推移

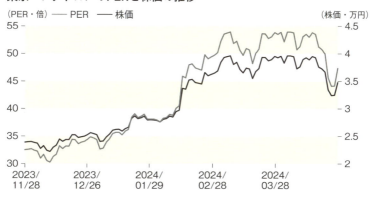

2010年3月31日	赤字
2011年3月31日	11.51倍
2012年3月30日	23.28倍
2013年3月29日	123.82倍
2014年3月31日	赤字
2015年3月31日	20.9倍
2016年3月31日	15.91倍
2017年3月31日	17.31倍
2018年3月30日	16.07倍
2019年3月29日	10.57倍
2020年3月31日	17.39倍
2021年3月31日	29.95倍
2022年3月31日	22.53倍
2023年3月29日	15.92倍

上のグラフと左の表は、半導体製造装置メーカーである東京エレクトロンの株価とPERの推移を示したものです。PERは過去と比べて明らかに高水準に達していますが、株価がその修正（下落）に向かっているとはいいがたいですね。

ちなみに東京エレクトロンのPERは、2013年3月に124倍近くまで達したことがあります。相場がとことん盛り上がると、その終着点（株価の天井）を予測するのは困難です。

駆け出し投資家の疑問

PBRが割安の判定になると株価は必ず上がるの？

必ずしも上がるとは限りません。1倍割れどころか、0.5倍割れのまま長く安値に放置されている銘柄もあります。ただ、東証の低PBRの是正要請から、保有資産の整理や増配（配当額の引き上げ）などの対策を実施する企業は注目される可能性があるでしょう。

日産自動車のPBRと株価の推移

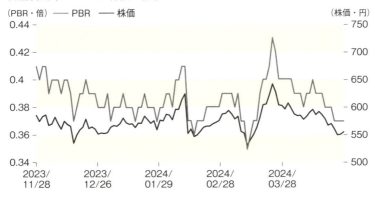

2010年3月31日	1.3倍
2011年3月31日	1.13倍
2012年3月30日	1.27倍
2013年3月29日	1.1倍
2014年3月31日	0.89倍
2015年3月31日	1.06倍
2016年3月31日	0.92倍
2017年3月31日	0.86倍
2018年3月30日	0.8倍
2019年3月29日	0.67倍
2020年3月31日	0.34倍
2021年3月31日	0.61倍
2022年3月31日	0.47倍
2023年3月29日	0.38倍

上のグラフと左の表は、日産自動車の株価とPBRの推移を示したものです。PBRが歴史的な低水準に達した局面では株価もやや戻していますが、大幅な反発には至っていません。

2024年ではPBRは超割安の判定になっている日産自動車ですが、実は2015年3月の時点では1倍を超えていました。その後は低下の一途です。

まとめクイズ

問題 23 儲かる銘柄を見きわめるにはどのように情報と接するべき？

 これまでの内容を読んで、あなたの考えを整理してみましょう。

真正面から情報と向き合う真摯な姿勢……かな？

 同じニュースを見ていても、儲けている人は異なるとらえ方をしているんだ

> **答え**
> ## 株価を動かす情報に敏感になること

要は、つねに「損得勘定」で情報を読み解いていくってこと

　情報が氾濫し、地球の裏側で発生した出来事も瞬時に伝わってくる世の中です。戦争のようにショッキングなニュースも少なくありませんが、株式投資に取り組んでいる（株で儲けたいと思っている）以上、「株価に関係があるのかどうか」という視点でつねに情報を吟味することが大切です。
　もっとわかりやすい言葉で表現すると「損得勘定」となるでしょう。==その出来事で誰が得をするのか（損をするのか）という視点でとらえるのです==。商才のある人は生まれながらにそういった感覚で物事を判断していますから、きっと株式投資をやっても成功を収めるでしょう。

つねに「このニュースで儲けるのは誰か」に変換するわけですね

　世間的には衝撃的なニュースであっても、株価には無関係なものは深追いする必要がありません。逆に、==大半の人が見過ごすようなニュースでも、どこか特定企業の株価を動かしそうなら、ためらわずに食らいつくべきでしょう==。
　そういった発想でアンテナを張れば、自然と株価が動く情報に敏感になって、瞬時に選り分けられるようになります。

儲かる人の思考法から学ぶ

その2

株の鉄則！

☐ 値上がり銘柄をかぎ分けるには、得た情報から
「次に儲かる企業」がどこか連想することが大切

☐ 掲示板やSNSに惑わされず
信頼できる情報を入手する
アナリストレポート／会社四季報／日経新聞／外電

☐ 有望銘柄を探すには「セクター」に注目する
個人投資家は、まず外需企業か内需企業かに注目
セクターローテーションから、次の物色セクターを予想する

☐ 銘柄選びの最低条件は業績
そのあと、決算資料などで見きわめる

流動性	大きいほうがいい
時価総額	大きいほうがいい
営業利益	伸びているほうがいい
自己資本比率	高いほうがいい（業種により水準が違う）
ROE（自己資本利益率）	高いほうがいい（理想は10％以上）
営業CF	プラスがいい
PER（株価収益率）	20倍を超えると割高
PBR（株価純資産倍率）	1倍を下回ると割安

株価が上下するワケ

株価が上がったり下がったりするメカニズムを知れば、今後の株価の動きが予想しやすくなるもの。本章では、そんな株価を動かす要因にまつわるクイズを出題します。

株価の変動要因を数多く想定しておく

よさそうな銘柄の探し方もわかったし、さあ買うか

 ちょっと待って、もう少し考えておくことがあるんだ

　成長を続け、利益を出している企業の株価は基本的に上がるものです。ただ、いつでもむやみに買っていいものではありません。
　企業の業績は、金利、為替、世界情勢、国の政策といった外的要因に大きく影響を受けます。たとえば円安が進むと、電力や繊維製品など輸入する材料が多い企業はコストが増大するため、利益が縮小するのです。逆に海外での販売が多い自動車産業は利益が増えます。

 企業の業績を左右する「大きな波の動き」を
予想しておくのは投資家の常識

　当然、機関投資家はこうした外的要因が今後どう動くのかを予想したうえで銘柄を物色します。第2章で紹介したアナリストレポート（P49）もこうした条件を踏まえて書かれています。**今このセクターが買いなのか売りなのかを見きわめるには、外的要因と企業業績の関係を理解しておくことが必要です。**
　とはいっても、細かく勉強する必要はありません。信頼できる情報を手に入れたときに、素早く「どこに資金が流入するか」と感じ取るアンテナを鍛える練習だと思って本章を読んでみてください。

Question
問題 24 正答率 65.6%

金利上昇の際、株式市場の反応として正しいのは？

A

株式市場から
資金流出
➡ **株価下落**

B

株式市場に
資金が流入
➡ **株価上昇**

第3章 株価が上下するワケ

金利が上がるのは、景気がいい証拠ですよね？

 景気が過熱したから、金利を上げてブレーキをかけているんだよ

089

答え A  金利上昇➡株価下落がセオリー

 金利と株価は逆の動きになる

　理論上、金利が上がると株価が下落しやすく、逆に金利が下がると株価が上昇しやすいといわれています。
　金利の上げ下げを行うのは中央銀行（日本では日本銀行、以下日銀）です。その役割は、金利変動などの金融政策によって「物価の安定」を図り、経済を健全に発展させること。好景気が続いて過熱感が高まると、金利を上げて企業がお金を借りにくくすることで設備投資を減少させ、景気にブレーキをかけます。
　金利が上がると、預貯金や債券のように安全性の高い金融商品の利息が高くなり、リスクの高い株式市場から資金が流出することから、株価が下がりやすくなるといわれています。

 急ブレーキをかけすぎて、大事故になったのがバブル崩壊なんだ

　反対に景気が悪くなってくると金利を下げ、企業がお金を借りやすくすることで経済活動を刺激します。
　株式市場は、目の前の現実よりも将来のことに反応しやすいという特性があります。金利低下に伴う景気の回復を期待し、先駆けて株価が上昇しやすいのです。

Question

問題 25 正答率 43.8%

日銀の金融政策によって株式市場は……

A コントロールできる

B コントロールできない

第3章 株価が上下するワケ

たしか、金利で株価の動きが決まるのがセオリーだったはずでは？

P90をもう一度読んでみよう 中央銀行の目的は何だったかな？

答え B 金利と株価の関係には例外も起こる

直近でも、米国は金利引き上げ中に
株価が上昇しているんだ

　P90でも触れたように、日銀のような中央銀行が金利を上げ下げするのは「物価」を安定させるためです。金利が上がると株価が下がりやすく、逆に金利が下がると株価が上がりやすくなるのがセオリーですが、あくまでそれは理屈のうえでの話。
　たとえば、**米国の中央銀行に当たるFRB（連邦準備制度理事会）は2022年の3月から2023年の7月まで金利を引き上げ続けましたが、その間に株価は下がり続けていませんし、米国株価はむしろ高値を切り上げました。**

セオリーに反して、金利も株価も上がったんですね

　また、昔の話になりますが、日本でも金利と株価の関係がセオリー通りではなかった時期が長く続いています。1990年代初頭にバブル経済が崩壊したのを受けて、日銀は金利の引き下げを続けました。そして、**1999年の2月には世界ではじめてゼロ金利政策がとられたのですが、株価はほぼ一貫して下落し続けており、その後10年近くもセオリーとは異なる推移になったのです。**
　こうしたことから、金利と株価の関係については、そういったセオリーがあることだけを認識し、絶対視しないのが賢明でしょう。

日銀の金融政策

過度に
インフレーション
（物価の上昇）
が進むと……

過度に
デフレーション
（物価の下落）
が進むと……

⬇

⬇

「**金融引き締め**」

「**金融緩和**」

物価上昇を抑えるため、金利を引き上げ、世の中に出回っているお金を回収する。

金利を引き下げ、保有国債を買い取るなどの措置を通じて、世の中に出回るお金を増やす。

⬇

⬇

株価下落？

株価上昇？

例外もあるが、株価の大きな流れを決める要因として押さえよう

日銀の金融政策決定プロセス

日本の中央銀行である日銀の金融政策は、年8回開催の金融政策決定会合で決まる。出席するのは、9名の政策委員（日銀総裁1名、2名の副総裁、6名の審議委員）。

| 金融政策決定会合では2日間を費やして審議。 | | 9名の多数決によって金融政策の方針を決定。 |

| 会合で金融政策の方針が決まると、それに基づいて世の中に出回るお金の供給・吸収が行われる。 | | 終了後、経済・物価情勢に関する政策委員の見解、当面の金融政策運営に関する考え方が公表される。 |

 事前の市場の予想と、日銀の決定が異なるとき、サプライズとして大きな影響が出るんだ

Question

問題 26 正答率 53.1%

為替と企業業績の関係として正しい組み合わせはどれ？

A　円安で業績がよい **外需系**　　円高で業績がよい **内需系**

B　円安で業績がよい **内需系**　　円高で業績がよい **外需系**

C　円安で業績がよい **外需系**（例外あり）　　円高で業績がよい **内需系**（例外あり）

「例外あり」って部分を説明したいってのがバレバレですよ

そ、そうかぁ？　海外で稼ぐのが外需系、国内で稼ぐのが内需系だったね（P56）

答え C

円安は外需、円高は内需に有利（例外あり）

円安でインバウンドが押し寄せ、一部の内需も儲かっていたな

　円安とは、外国の通貨に対して日本円の価値が下がり、逆に外国の通貨の価値が上がることです。海外で日本製品の割安感が生じ、国外を主戦場としている外需系企業（機械、精密、輸送機器、電気機器など）の業績が拡大しやすくなります。

　2024年3月期の場合、トヨタ自動車は自社想定レートよりも1円の円安・ドル高が進んだだけで、営業利益が500億円も増えました。対照的に、円安が進むと海外からの輸入価格が割高になります。資源や原材料を輸入に頼る鉄鋼・非鉄、食品などの内需系業種には、円安は逆風だといわれます。**ところがコスト増加分を価格転嫁（値上げ）し、業績が伸びるケースもめずらしくありません。**円安で訪日外国人によるインバウンド消費が急増し、国内のホテルや外食も繁盛しています。

円安で伸びる内需系企業もあるのか

　逆に円高が進んだ場合、輸入価格が下がることで内需系業種の多くはコスト負担が軽くなりますが、電力・ガスの業界はその分だけ料金を引き下げなければならず、必ずしもメリットとはいえません。明らかに円高が業績拡大につながりやすいのは、日本から海外への旅行者が増えることが期待される旅行業界や航空会社でしょう。

Question

問題 27 正答率 68.7%

日本株にとって追い風となった出来事は？

A
イスラエルと
ハマスの対立など
**地政学リスク
上昇**

B
金利の引き上げ
局面での
米国株の上昇

日銀の金利引き上げは、株価にマイナスでしたよね

地政学リスクは世界の特定地域で
政治・軍事などの紛争が発生するリスクを指すよ

答え B 世界最大の米株市場の上昇は、日本株の追い風

米国株が好調になると、
海外の投資家は日本株にも投資するんだ

　米国の株式市場は世界最大であり、なおかつ一番注目されている存在。そして海外投資家がもっとも資金を投じているのも、この米国市場です。一方、P36で触れた通り、日本の株式市場における売買でも、海外投資家のシェアは6〜7割にまで達しているのです。
　言い換えれば、**海外投資家の主戦場の米国市場が好調であるからこそ、日本の株式市場にも資金を投じる余裕が生まれます。**そして、彼らが積極的に投資を行えば、おのずと日本株も上昇します。

イスラエルが絡んだ攻撃なら、
アメリカも他人事でない気がするけれど

　地政学リスクの高まりは、一般的には株価にマイナスです。実際、イスラム組織ハマスとの対立でイスラエルがパレスチナ・ガザ地区に攻撃を仕掛けると、国際的に動揺が広がり、一時的には株価下落などのインパクトをもたらしました。
　しかし、本質的に海外の投資家が注目しているのは、地政学リスクが米国にもたらすデメリット。**米国にとくに問題がないと判断されれば、株価も反応薄となります。**
　世界最大の経済大国である限り、つねに世界経済の中心が米国。米国株の上昇が日本株の上昇に直結するケースが圧倒的なのです。

Question

問題 28 正答率 59.4%

次の経済指標のうち日本株への影響が大きいのは？

第3章 株価が上下するワケ

A GDP（国内総生産）の成長率

B 失業率・雇用動向調査

C 機械受注統計

ケーザイシヒョー？

GDPは知っているよね？
あれと同じ経済情勢を表すモノサシだ

099

答え A 重要視されるのは GDP の成長度合い

日本では、米国ほど労働環境（雇用動向）は注目されないんだ

　GDP（国内総生産）とは、一定期間内に国内で生み出された付加価値（商品・サービスなどの販売で得られた売上からコストを差し引いた金額）の総額で、国の経済状況を示しています。つまり、**「GDP 成長率」は経済の成長度合いのことを意味し、その数値が高いほど景気が好調で、多くの企業が儲かっていると判断できます。**

　「失業率・雇用動向調査」は就労状況を把握できる経済指標ですが、日本では正社員を容易には解雇できないため、さほど大きな変化が生じません。**米国で月次の雇用統計が注目されるのは、解雇が容易で労働環境が流動的なため、経済状態を反映しやすいからです。**

米国は不景気になるとすぐレイオフ（一時解雇）するからか

　設備投資の状況を示す「機械受注統計」は製造業の好不調を示すバロメーターですが、GDP 成長率と比べると注目度は劣ります。
　このほか、日本銀行が四半期ごとに発表している日銀短観（全国企業短期経済観測調査）など、数多くの経済指標が存在しています。
　結果が発表される度に、すべての経済指標をチェックするのは大変です。**株価に影響を及ぼすものだけ押さえましょう。**

Question

問題 29 正答率 34.4%

株価へのインパクトがとくに強かった政策を2つ選べ

A カーボン・ニュートラル宣言

B 防衛費増額

C コロナ禍の給付金

D DX（デジタルトランスフォーメーション）推進

> 米国にも影響しそうだし、グローバルな課題だからAの脱炭素？

> ストレートに株価へ結びつきそうなものは？

答え B・C

防衛費増額とコロナ禍給付金はインパクト大

「国策に売りなし」というが、温度差があるんだ

　たとえば脱炭素社会は地球規模で目指すべきテーマです。政府は2050年までに温室効果ガスの排出を全体としてゼロにするカーボン・ニュートラルを宣言しています。また、日本の競争力を高めるため、デジタル庁を新設してDXの推進にも力を入れています。

　こうした取り組みは中長期的には関連企業の業績にも大きな影響を及ぼしうるでしょう。しかしながら、目先ではその具体的なインパクトを把握しづらいのも事実です。

企業の業績に直結することが大切なんだ

　その点、防衛費増額は関連企業の業績に直結し、防衛産業で圧倒的な強みを有している三菱重工業がもっとも恩恵を受けることが明白。また、コロナ禍における巨額の給付金は景気の悪化を食い止めるためのカンフル剤で、即効性を重視した政策でした。

　昔から株式市場では**「国策に売りなし（国策に関連している銘柄は買うべし）」**との格言が伝えられてきました。ただ、株式市場の反応には温度差があります。やはりとくに注目度が高くなるのは、恩恵を受けるセクターや企業が明白で、即効性のある国策です。

Question
問題 30　正答率 71.9%

以下のうち日本株に大きなインパクトを与えたのは？

A 2012年12月の第二次安倍政権樹立

B 2020年9月の菅政権樹立

C 2021年10月の第一次岸田政権樹立

支持率が圧倒的に低かったのは、2021年の岸田政権みたい

どれも政治のトップ交代だが、市場の反応は大違いだったんだ

答え A

2020年代の株高の起点となった安倍政権樹立

のちにアベノミクスと呼ばれる経済政策がスタートした

　2012年12月、衆議院解散総選挙で与党の民主党（当時）が大敗し、自民党政権が樹立。第二次安倍内閣の誕生を機に、日経平均株価は下落トレンドから上昇トレンドへと本格転換しました。前年の東日本大震災発生や民主党政権の不手際で株式市場は低迷し続けていたこともあり、**政権交代が実現したことを株式市場が大歓迎したのです。**このように政権の経済政策への期待感も影響を与えます。

一般的に衆院選で自民党が勝利すると、株価にプラスといわれているな

　安倍政権が3本の矢（大胆な金融緩和、機動的な財政政策、民間投資を喚起する成長戦略）からなる経済政策「アベノミクス」を掲げたことを、とくに海外の投資家が高く評価。ようやく日本が変わることを期待し、彼らの日本株買いが活発化しました。

　第四次安倍政権の末期にコロナ禍に見舞われて株価は急落したものの、迅速な財政出動で株価は大きく反発し、バトンを引き継いだ菅政権も安倍路線を踏襲しました。続いて岸田政権が発足した当初は、安倍路線からの転換をほのめかしたことで株価が下落しています。**2023年後半から再び株価上昇が顕著になりましたが、新NISA導入を除き、岸田政権の政策はさほど関係していないでしょう。**

Question

問題 **31** 正答率 62.5%

日経平均株価の下落が続く原因となった自然災害は？

第3章 株価が上下するワケ

A 阪神淡路大震災

B 東日本大震災

C 能登半島地震

いずれも深刻な被害が出ましたね

 同じ大地震でも、その後の株式市場の反応には違いが出たんだ

答え B 東日本大震災では原発事故の影響が長期化

ポイントは復興需要にスポットが当たるか否か

　大地震や豪雨といった深刻な自然災害が発生すると、**その被害が大きければ大きいほど、株式市場にも影響が及びます**。阪神淡路大震災や東日本大震災が発生した際には株価が大きく下げましたし、それらと比べれば被災地が局所的だった2024年1月の能登半島地震でも株価は急落することになりました。

　もっとも、**自然災害の発生に伴う株価の下落は、あまり長期化しないのが通常です**。阪神淡路大震災においても、その年の後半には株価が本格反発し、翌年には発生前の水準を超えています。こうした動きになりやすいのは、復興需要に期待が寄せられ、株式市場でその関連分野に買いが入りやすくなるからです。

復興って、大規模なインフラ再整備ともいえますね

　例外的だったのは、東日本大震災のあとです。**2011年3月11日の巨大地震発生後、2012年末に第二次安倍政権が誕生するまで株価が低迷しました**。大津波が発生し、福島の原発事故まで引き起こした結果、その処理には長い時間を要することや、当時の民主党政権の対応が強く批判され、悲観的ムードが台頭したことが原因といわれています。

まとめクイズ

問題 32 次の出来事による「上昇セクター」と「その理由」を答えよ

✏ 1 ロシアによるウクライナ侵攻

株価が上昇したセクター（企業）	×	その理由

✏ 2 歴史的な円安が進行（外需系企業以外で）

株価が上昇したセクター（企業）	×	その理由

投資家に必要なのは「風が吹けば桶屋が儲かる」的な発想だ！

思いがけない方面に影響が及んでいくってことか。うーん

答え
※解答は一例です

1 ロシアによるウクライナ侵攻
- 上昇セクター：防衛 × 理由：防衛予算が増えた

2 歴史的な円安が進行
- 上昇セクター：空運・陸運 外食・小売 × 理由：インバウンド需要が急増したため

　ウクライナ侵攻を機にロシアのことを許せないと憤った方も多いでしょう。しかし、投資家の視点では、出来事を起点に「誰がどう動くのか」について連想を続けることが大事です。

　日本にとってもロシアは隣国ですし、第二次世界大戦でロシア（当時ソ連）は北方領土へ侵攻し、いまだに返還していません。ウクライナ侵攻により、日本でも防衛に対する意識が高まるのは容易に想像がつきます。国土の防衛を強化するために、防衛予算が増えます。つまり、防衛関連の艦船、航空機、戦車、装備品などに関わっている企業は直接的な恩恵を受け、業績にプラスになります。

出来事から、これで儲けるのは誰か
連想を広げることが大切だ

　また、歴史的な円安が進んだことは輸入物価の上昇というマイナス材料をもたらす一方で、訪日外国人によるインバウンド消費の呼び水となっています。相対的に自国の通貨価値が高くなっている外国人にとって、日本は非常に物価が安い国になり、彼らが日本国内での消費を拡大しています。

　歴史がくり返すように、相場でも過去と似た局面に出くわすことがあります。こうした連想は、経験を積むほど働きやすくなるものです。

儲かる人の思考法から学ぶ　**その3**

株の鉄則！

☐ 歴史はくり返す。過去の事例を知れば、今後の株価の動きが想像しやすくなる

☐ 金利上昇＝株価下落、
金利下落＝株価上昇（例外あり）

☐ 円安＝外需企業（機械、精密、輸送機器、電気機器）に有利

☐ 円高＝内需企業（鉄鋼・非鉄、食品、旅行・航空会社）に有利

☐ 米国市場が好調＝日本株も好調
海外投資家の資金に余裕ができ、日本株も物色される

☐ 押さえるべき経済指標はGDP速報や日銀短観など

☐ 日本では失業率や雇用動向調査の影響力は弱い

☐ 災害等の下落は一時的で、元値に戻すことが多い

売買のタイミングの見きわめ方

安く買って高く売ることが株で儲けるセオリー。売買のタイミングは、いつどこで何を基準に判断すればいいのか。クイズを出題しながら解説します。

チャートを見きわめてチャンスをつかむ！

僕が買うと株価が下がって、
損切りすると上がる気がするんですよね

間が悪いんだな。何事もタイミングは大事だからな

　株価は日々変動するものです。安く買って高く売りたい、儲けを出したいと願う投資家ならば、売買のタイミングに注意を払うのが当然でしょう。こうしたときに使われるのがテクニカル分析です。**テクニカル分析とは、過去の値動きをチャートに示し、そこに表れたサインから、将来の値動きを予想しようとする手法です。**

儲かる投資家が使っている、僕たちの知らない
すごい手法を教えてください

　テクニカル分析は統計学や過去の事例から編み出したもので、非常に多くの種類があります。初心者の方に講演をしていると「分析の勉強さえすれば儲けられる」とかん違いしている方も少なくありません。しかしながら（一部の専業投資家は別ですが）、**テクニカル分析だけで儲かるわけではないことは、長年投資家をやっていればわかってくるものです。**
　本章では主要なテクニカル分析の手法を紹介しながら、テクニカル分析との付き合い方についてお伝えできればと思います。

Question

問題 33 正答率 37.5%

チャートから判断できないのは次のうちどれ？

A 今後、株価が上がるか、下がるか

B 現在の株価が割高圏か、割安圏か

C トレンドの転換点

そもそも、チャートって何？

 株価の推移をグラフ化したものだね。要は過去の値動きを見える化したものだ

答え A チャートは株価水準や転換点を探るモノサシ

今後の値動きがわかるわけではないの？

チャートとは、株価の動向をグラフで示したものです。証券会社のログイン後のページではチャート上に、移動平均線※1やボリンジャーバンド※2、RSI※3といったように、相場の方向性や過熱感などを示す「テクニカル指標」も表示できるケースが一般的です。

ただ、個々の指標の意味について、一度にすべて理解する必要はありません。**株価や指標の推移をもとに、今後の相場展開を予測するツールがテクニカル分析**ということを知っておけば、よいでしょう。

ただし、チャートが売買の決め手になるわけではない

テクニカル分析で判断できることは、相場の方向性や転換点です。足元の相場のトレンド（上昇・下降・横ばい）や、異なるトレンドに転換する予兆を探るモノサシとなってきます。

移動平均線などのテクニカル指標を組み合わせて分析することで、相場のトレンドの強さや過熱感（現在の株価が割高か、割安か）も推測できます。**ただし、テクニカル分析は過去の経験則や統計などをもとにあくまで「その可能性が高い」と予測したものにすぎず、絶対視は禁物です。**

※1 P116参照　※2 P120参照　※3 P123参照

Question

問題 34 正答率 62.5%

チャートの推移から見て、この銘柄は見送り？ 買い？

第4章 売買のタイミングの見きわめ方

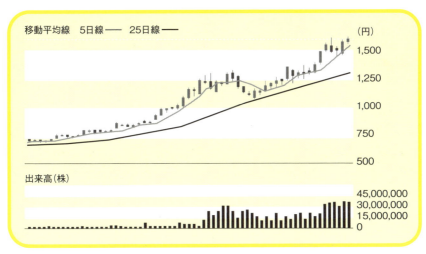

移動平均線　5日線——　25日線——
（円）
1,500
1,250
1,000
750
500

出来高（株）
45,000,000
30,000,000
15,000,000
0

A
見送り

B
買い

ずっと上がってるし、そろそろ下がりそうな気がする

 その「そろそろ」に根拠があるのか考えてみよう

115

答え B 「上がったら買う」「下がったら売る」が株の基本

「そろそろ下げるかも？」は
不安を反映した根拠のない妄想

　この問題のチャートには、株価の推移とともに2本の「移動平均線」が描かれています。**移動平均線とは、一定期間内の株価の平均値を日々計算していき、その推移をグラフで表示したものです。**

　1日ごとの株価の推移を示した日足チャートなら、5日線（5日間ごとの平均値の推移）と、25日線（25日間ごとの平均値の推移）が表示されているのが一般的です。5日線は短期的な株価のトレンド（方向性）、25日線はそれよりも長期的なトレンドを表しており、どちらも上向きなら上昇基調が強いと判断されます。

移動平均線でトレンドの強さを確認できるわけか

　上昇トレンドが転換する際には、最初に5日線が下降して25日線を割り込みます。次に、25日線も下降に転じることで、下落が強まっていることがわかります。

　この問題のチャートの移動平均線からはそのような状況は確認できず、上昇トレンドがまだ続いている可能性が高いといえるでしょう。**「上がっているから買う」という"順張り"の投資が株の鉄則です。**「そろそろ下げるかも？」というのは（結果的に正解になるケースはあるものの）、ヤマ勘の域を出ません。

Question

問題 35 正答率 65.6%

チャートの推移から見て、この銘柄は買い？　売り？

第4章　売買のタイミングの見きわめ方

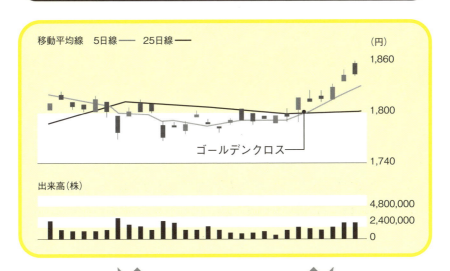

A 買い

B 売り

「ゴールデンクロス」と呼ばれる現象が起こっているな

それがヒントなんですね

答え A

ゴールデンクロス ➡ 買い
デッドクロス ➡ 売り

移動平均線が交差するときがトレンド転換のサイン

　今回のチャートは明らかに上昇基調を示しており、「買い」が正解。「ゴールデンクロス」と呼ばれる典型的な買いのサインも出現しており、少なくともこのタイミングで売る理由は見つかりません。
　ゴールデンクロスとは、短期の移動平均線が長期の移動平均線を下から上に突き抜ける現象のこと。テクニカル分析では、上昇トレンドに入った可能性が高いと判断されます。

重要なのは株価が「現実に上昇している」こと

　もちろん、あくまで「可能性が高い」という話で、必ずそうなるわけではありません。ただ、ゴールデンクロスが出現した時点ですでに株価の上昇が顕著になっているケースが多いのです。テクニカル分析の**買いのサインは、決定打になりませんが、参考にはなります**。なお、短期の移動平均線が長期の移動平均線を上から下に突き抜ける現象はデッドクロスといわれ、こちらは売りのサインといわれます。

ゴールデンクロス （上昇期入りのシグナル）	デッドクロス （下降期入りのシグナル）
長期の移動平均線 短期の移動平均線	短期の移動平均線 長期の移動平均線
短期の移動平均線が長期の移動平均線を下から上に突き抜ける場面	短期の移動平均線が長期の移動平均線を上から下に突き抜ける場面

Question

問題 36 正答率 82.3%

「ボリンジャーバンド」の説明で正しいものを2つ選べ

A 現在の株価水準が「買われすぎ」「売られすぎ」か判定できる

B 相場の「勢いの変化」「方向性」「トレンド反転」がわかる

C 株式投資の愛好家が結成したバンドで、ジャンルはヘビメタ

考案者は「ジョン・ボリンジャー」という人なんだ

まさかCではないよね？　いや、あえてC？

答え A・B 株価が収れんしやすい価格帯を示した指標

ボリンジャーバンドだけで判断するのは考えものだが、確度は高いぞ！

　ボリンジャーバンドとは、米国のジョン・ボリンジャーというアナリストが考案したテクニカル指標で、一般的に、移動平均線とその上下を囲む2つの帯状のグラフ（+1σ〜-1σと+2σ〜-2σ）で構成されます。統計的にそれらの帯（バンド）のなかに株価が収れんしやすく、**±1σの範囲内に収まる確率は約68.3％、±2σの範囲内に収まる確率は約95.4％**とされています。

　ボリンジャーバンドには、**相場の上下動が小さいと帯の幅が狭くなり、値動きが派手になると広くなる特性があります**。帯が狭くなった直後に株価が急伸して+2σのラインを上抜いたら※、上昇トレンドに入ったとして買いを入れるのが1つの手法です。

　また、横ばいトレンド（もみ合い相場）においては、帯の上限と下限を上値（買われすぎ水準）と下値（売られすぎ水準）と判断するという手法も用いられます。

※株価が特定の値段を超えること

ボリンジャーバンド

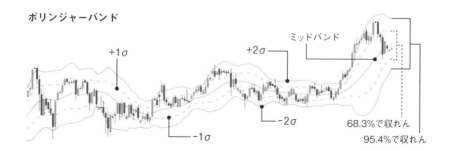

120

Question

問題 37 正答率 21.9%

チャートの推移から見て、この銘柄は見送り？ 買い？

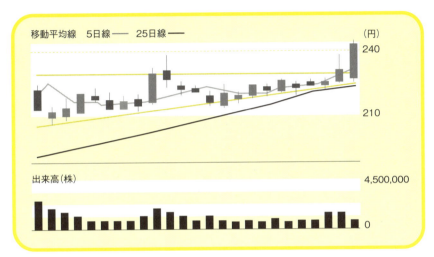

A 見送り

B 買い

株価の変動幅の上下に引かれている線は何ですか？

 トレンドラインと呼ばれるものだね

答え B

「三角保ち合い上放れ」は買いのサイン

停滞から、一気に動き出すイメージなんだな

　一進一退をくり返す株価の上値同士、下値同士をそれぞれ一本の線で結ぶと、三角形のような形状を描いて交差しています。**これらの線はトレンドラインと呼ばれ、簡単には上抜いたり下抜いたり※できないと考えられています。**株価の変動が収れんし、トレンドラインが三角形のような形状を描くパターンは「三角保ち合い」といわれます。保ち合いとは、株価が一定の値幅内で上下することです。

　株価が上値のトレンドラインを突破する現象が「三角保ち合い上放れ」で、長く立ちはだかってきた壁を乗り越えたことから、上昇が本格化する可能性が高いと解釈されています。逆に、テクニカル分析において「三角保ち合い下放れ」は、なかなか方向感の定まらなかった相場が下落トレンドへと移行したと見なされます。

青天井相場ではあまり役に立たないかも？

　こうした買いや売りのサインは、株価がボックス圏（ほぼ一定の範囲内）で上下する局面では参考になります。しかし、**上昇が続く青天井相場や、全体が急落している段階など、大きな流れのなかではあまり役に立たない点に注意しましょう。**

※株価が一定の値段を下回ること

ほかにもまだある テクニカル指標

RSI（相対力指数）

米国の J.W. ワイルダーという人物が考案した指標で、相場の強弱や過熱感を判定するモノサシ。ボックス相場における的中率が高い半面、上昇や下降が顕著な局面ではダマシ（判定ミス）が多い。

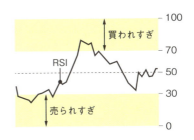

ストキャスティクス

RSI と同じく、買われすぎや売られすぎを判断する目安になる指標。「％K」と「％D」という2本のラインから構成されるファストストキャスティクスと、「Slow％K」と「Slow％D」から構成されるスローストキャスティクスがある。前者は相場の動きに敏感に反応しすぎてダマシが多く、もっぱら後者のほうが利用される。

MACD

「移動平均収束拡散」や「移動平均収束乖離」とも呼ばれ、通常の移動平均線に改良を加えた指標。MACD（相場への影響力が高い直近株価の比重を高めた移動平均線）とシグナル（MACDの移動平均線）という2本のラインが交差する地点を買いや売りの好機と判断する。

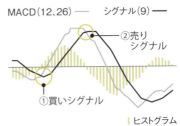

123

テクニカル分析やチャート分析はあくまでも道具。いい銃を持っているだけでは、ハンターは獲物をゲットできない。目的を見失わないことが大切だ

なるほど。勉強になります！

COLUMN

テクニカル分析は ネットの普及で広まった

　現在、株の売買はオンライン上で行うのが常識となっていますが、インターネットが普及する以前は証券会社の店頭や電話で注文を入れていました。実はそのころのテクニカル分析は、一部のマニアックな投資家の間で注目されているものにすぎなかったのです。

　当時、チャートは「罫線（けいせん）」とも呼ばれ、テクニカル分析の専門家は「罫線屋」の異名を持っていました。彼らは日々、新たな株価の推移を手書きで書き足すというアナログな作業を続けており、企業業績の分析を軸とするファンダメンタルズ分析と比べると異端な存在でした。

　しかし、1990年代後半からネット証券が台頭し、オンライン取引が浸透してくると、テクニカル分析が一般の投資家にも広まるようになりました。オンライン取引では多彩な情報が提供され、チャートやさまざまなテクニカル指標を簡単にチェックできるようになったからです。

Question

問題 38
正答率 93.8%

チャートから見て、買うべき銘柄はどっち？

第4章 売買のタイミングの見きわめ方

A

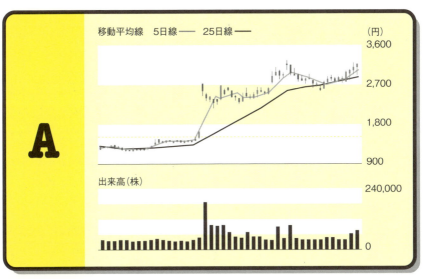

B

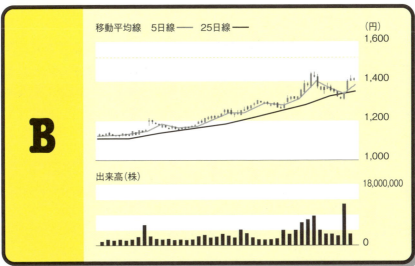

答え B 出来高・売買代金の増加を伴わない上昇は短命

出来高、売買代金も
必ずチェックする習慣をつけよう

　株価の上昇に先駆けて急増するケースが多いことから、「出来高は株価に先行する」と昔からいわれてきました。**「出来高」は売買高とも呼ばれ、取引が成立した株数のことです**。これに対し、売買代金は取引によって動いた金額を意味し、どちらも多いほど取引が活発であると判断できます。つまり、買い注文が続出して株価の上昇が顕著になるという流れが生じているわけです。

　ただ、株式市場に流通している株数が少ない小型株は値動きが派手になりやすく、ちょっとした買いが入っただけで株価に大きな影響を及ぼします。つまり買い一辺倒となり株価が急騰するケースがあるのです。

　そのような場合、追随して買い注文を入れる動きがなければ、すぐに株価の上昇が途絶えて急落に転じることになります。とくにビギナーや経験の浅い投資家が見逃しやすいポイントなので、出来高と売買代金は必ずチェックしましょう。

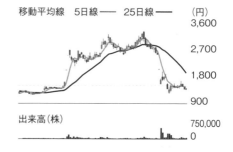

Aのチャートのその後。買い注文が続かずに株価は急落。元の水準に戻ってしまった。値動きの激しい小型株に特徴的なパターン。

Question

問題 39 正答率 61.3%

チャートから見て、新規上場したばかりの銘柄は買い？

A 買ってもよい

B 判断できない

新規上場後、上がり続けていますね

トレンドラインから見れば上昇中といえるが……

答え B

過去データが乏しいとテクニカル分析は困難

過去を検証するテクニカル分析は、
IPO銘柄に不向きなんだ

　テクニカル分析は過去における株価の推移を検証し、統計学などのアプローチを用いて相場の方向性や転換点、過熱感を判定するものです。**言い換えれば、過去データがほとんど存在していない場合は、どうにも分析しづらいということです。**

　IPO（新規公開）銘柄の多くは期待先行で非常に高い初値（最初に成立した取引価格）をつけるものの、利益を確定する投資家が続出してすぐに急落するというパターンを描きがちです。

期待外れで、株価が低迷することも多いのか

　このように業績面に関しても期待先行で過大評価となっているケースでは、株価水準の割安・割高の判定も難しいのが現実です。**実際、その後も長く株価が低迷し続ける銘柄も少なくありません。**「人気だから、買ってもいいのではないか？」と考える投資家もいるようですが、得てしてその根拠が明白ではありません。

問題39のその後のチャート
移動平均線　5日線──　25日線──
（円）
2,000
1,600
1,200
800
出来高（株）
750,000
0

第4章 売買のタイミングの見きわめ方

Question

問題 **40** 正答率 12.5%

「買い」のタイミングとして正しいのは？

A

チャート上で「買いのサイン」のパターンが出現

B

この銘柄、よさそうと「ピン」と来たら

ここまで読んできたらAとしか考えられないけど……

「何を重要視するか」という問題だな

答え B 買いのサインより、裏付けのある直感が大切

いい銘柄だと思ったら、素直に買うのが一番！

テクニカル分析では、チャート推移が特定のパターンを描いた場合に、買いや売りの好機（サイン）と見なしています。たとえば、「Wボトム」は、典型的な買いのサインだと考えられています。安値付

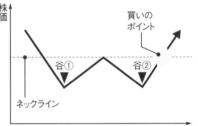

買いのサイン「Wボトム」

近で反発して直近の高値（反発のピーク）を突破すると、テクニカル分析では上昇トレンドに転換した可能性が高いと判断されます。

ただし、その理由は定かでありません。強いていえば、テクニカル分析を信じている投資家たちが「サインが点灯した」と判断して買い注文を入れるからといえます。**したがって、チャート上で出現した買いや売りのサインを過信するのは禁物です。**

テクニカル指標はあくまで参考と心得よう

それよりも大切なのは、業績の伸びなどファンダメンタルズ分析を裏付けに「この銘柄は有望かも？」と思ったあなた自身の直感です。ピンときたら（いい銘柄だと思ったら）、とりあえず買ってみるといいでしょう。

まとめクイズ

問題 41 | 投資家はテクニカル分析とどう付き合うべき？

 これまでの内容を読んで、あなたの考えを整理してみましょう。

結局、テクニカル分析って信じていいんですかね？

 その疑いを持つことが成長の証しなんだよ

答え

参考にとどめてファンダメンタルズ分析に重きを置く

過去の株価推移やテクニカル指標の判定は株価の決定要素にあらず

　生粋のテクニカル分析マニア（昔風にいえば罫線屋さん）でない限り、「チャートがいい感じになったことをきっかけにその銘柄に目をつけた」というパターンはきわめてレアでしょう。やはり、その企業の業績の伸びや手掛けている事業の将来性など、**まずはファンダメンタルズ面に注目して、買うべきか否かを検討しはじめるというパターンになるのがスタンダード**です。

　そのうえで、できるだけ割高な水準では手を出したくないし、何らかの事情で上昇トレンドが途絶えつつある場合は様子を見たいからテクニカル分析も併用する、というのが自然な流れだと思います。あくまで、ファンダメンタルズ分析を補足するものと心得ましょう。

株価はあくまで「企業の業績」と「投資家の期待」を反映したもの

　過去における株価の推移や、テクニカル指標による割高・割安の判定は、その銘柄の株価を決定づける要素ではありません。それはいわれてみれば当然のことなのですが、テクニカル分析に傾倒する人の多くは意外と気づいていないのが現実なのです。

儲かる人の思考法から学ぶ その4

株の鉄則！

- ☐ テクニカル分析や売買のサインは参考程度に考える

- ☐ 業績や決算資料などファンダメンタルズ分析を優先する

- ☐ テクニカル分析でわかるのは、株価水準やトレンド転換点

- ☐ 移動平均線でトレンドの強さがわかる
  順張り（上がったら買う、下がったら売る）が原則

- ☐ ボリンジャーバンドは買われすぎ、売られすぎなどの判断基準になる

- ☐ 出来高と売買代金の増加を伴わない株高は短命で終わる

- ☐ 新規上場銘柄は過去のデータがないため、テクニカル分析の対象とすべきではない

儲かる投資家の頭のなか

株式投資で儲けている投資家たちは、一体どのようなことを考えているのか。そんな歴戦の投資家たちが頭のなかで考えていることをクイズにしました。

人よりも「半歩先」を行くための思考法

いろいろ教えてもらったけど、
本当にこれで儲かるのかなぁ

めずらしく勘がいいな。ここまでは基本でしか
ない。ここから話すことがとくに重要だ

　市場では多数の投資家の思惑がひしめき合うなかから、日々、注目銘柄が生まれています。**そこで儲かる投資家と損する投資家の違いは、「半歩先を行けるか」ということ**。値上がりがはじまった初期に買い、ピークの前に売れば、利益が出るのは当然でしょう。逆に出遅れる投資家は、すでに上がりきったときに高値づかみし、値下がりによる損失を出すだけです。いかに早く動けるかが勝負の世界なのです。

そういうのは簡単ですけど、
実際どうやるんですか？

　大事なことは、ほかの投資家の思考パターンを読んで先を行くこと。**これまで得た市場の知識や株価変動の知識をもとにして、次は「みんながこう考えるはず」という仮説を立てて動いていくことが重要です。**
　チャートの動きや真偽のわからないうわさに右往左往しているだけの投資家から、賢明な投資家にクラスチェンジするための思考法を本章でつかんでみましょう。

第5章 儲かる投資家の頭のなか

Question

問題 42 正答率 22.6%

資金投入の考え方として、間違っているものは？

A その時々の人気銘柄に集中的に資金を投下する

B 少ない資金で分散投資できるよう、小型銘柄を複数買う

C 市場参加者の行動パターンと同じ投資行動をとる

集中投資は危険ってよく聞くけどなぁ

 買う価値のある銘柄を見分ける必要があるな

答え B　市場の関心が高いテーマや銘柄を追うべき

市場の物色は折々で特定の銘柄に
集中する傾向がある

　株式市場では、特定の銘柄に買いが殺到して人気化する一方、別の銘柄は見向きもされず不人気化するという現象がくり返されています。人気銘柄の株価は派手に上昇し、不人気銘柄の株価は指標上、割安になっても安値のまま放置されます。

　市場における人気は、情勢によって変化します。**人気化しやすいのは、株式市場が注目しているテーマに関連する銘柄や、材料（株価の上昇に結びつくニュース）が飛び出した銘柄です。**

　たとえば、近年の株式市場でホットなテーマとなったのが「半導体」です。生成AIの急速な普及に伴い、先端半導体の需要が爆発的に拡大したため、メーカーに加え半導体の部材や製造装置を手掛ける企業など、関連銘柄が盛んに物色されました。

とにかく早く行動することが大切ですね

　特定の銘柄が人気化したら、ほかの投資家も続々と追随してさらに株価上昇がヒートアップするというパターンがめずらしくありません。その場合は、同じような投資行動を取ったほうが儲かる確率が高いでしょう。Bのように分散でのリスク管理も大切ですが、P126で触れたように小型銘柄は乱高下しやすく、おすすめできません。

第5章 儲かる投資家の頭のなか

Question

問題 43 正答率 77.4%

市場のトレンドを追うために注目するべき業種は？

A	B
銀行・金融株	食品株

それぞれ、どんな特徴がありましたっけ？

景気の動向を敏感に反映するのが銀行・金融株、不景気に強いのが食品株だね

答え A 銀行・金融株は金利や景気変動に敏感

銀行・金融株は、まさに
お金の動きを反映する

　市場の流れを読んで、次に投資家の集まるセクターを予測するためには、今の景気動向の把握が必要です。その手がかりの1つが「銀行・金融株」に注目する方法です。

　銀行・金融株には①配当利回りが高い　②業績推移がわかりやすい　③金利変動や景気の影響を受けやすい　という特徴があります。

　銀行というのは、資金を企業に貸し出し、利子をつけて回収する利ザヤで儲ける業態です。そのため、**金利変動（＝貸出利率）の影響を受けやすく、また景気回復局面ではいち早く株価が上昇し、景気が悪くなると株価が低迷する特性があります**。つまり、銀行株の値動きを見ることで、景気動向と機関投資家の物色（セクターローテーション：P58）を探るうえでの道しるべになるのです。

どの業種が買われやすいか、
局面の目安になるんですね

　注意点として、**銀行・金融株は値動きが極端で、値上がり益を狙える一方、金融危機やショック安などリスクが意識されると、一気に値下がりする傾向があります**。無理に購入するのは控えましょう。また、人口減少リスクのある地方銀行は避け、メガバンクを選定することもミソとなります。

第5章 儲かる投資家の頭のなか

Question
問題 44 正答率 64.5%

割高な銘柄は購入を見送り、割安な銘柄を買うべき？

A
株は安く買って高く売るのがキホン
正しい

B
「安物買いの銭失い」ともいわれる
一概にはいえない

割安って、お買い得だという意味ですよね？

「今だけのお買い得価格」ならそうかもしれないけどね

答え **B**  割高・割安には
ワケがある

 むしろ、割高な銘柄がさらに
割高になるケースがめずらしくない

　結論からいえば、**割高な銘柄を買ってはいけない理由はなく、割安な銘柄はつねに買ってもいいわけでもありません。**

　たとえば、グロース（成長株）の多くは将来の業容拡大を織り込んだ株価水準に達しています。株式指標（PER、PBRなど。P80参照）上では割高判定になりますが、いっそう期待が高まり、さらに割高な水準まで株価が上昇を遂げるケースがよく見られます。

　一方で、手掛けている事業が成熟産業に該当する企業（バリュー株）の株価は、**株式指標の数値上では割安と判断されますが、「割安だから買ってもいい」**と決めつけるのは乱暴です。

PERやPBRみたいな指標は
あくまで参考ってことですね

　日本銀行の金融政策で利上げが見込まれ、貸出利ザヤの拡大から業績に追い風となる銀行株のように、何らかの注目材料が浮上した割安株は株価の水準訂正もあり得ます。けれども、そういった手掛かりが見つからない**割安株はそのまま放置される可能性もあり、株式市場全体が軟調な展開になれば、さらに安い水準まで売り込まれるケースもあります。**

　どちらにおいても、指標だけでの判断は危険です。

第5章 儲かる投資家の頭のなか

Question

問題 45 正答率 29.0%

次の銘柄のなかで、買ってもいいものを2つ選べ

A 業績の悪化が続く銘柄

B 不祥事が発覚した銘柄

C 災害に見舞われた銘柄

D 大幅増資を実施した銘柄

えっ？ どれもヤバそうだけど……

何を期待して株価が上がるのか考えれば、カンタン！

答え B・C 業績への影響が少なければ株価は反発する

株価にどこまで織り込まれているのかを冷静にチェック！

中長期的に見て、株価上昇の原動力となるのは業績の拡大です。Aの「業績の悪化が続く企業」は投資の対象から外します。

Dの「大幅増資」は、一般的に新株発行による資金調達によって行われます。発行株式数が増えると、1株当たりの利益が減少し、減配のおそれもあり、短期的には株価低迷のリスクがあり避けるべきです。

一方、Cの「災害」では、**ダメージは一時的なもので、いずれ業績回復を見込める場合は、冷静さを取り戻すにつれて株価が反発します。**

長期的影響が薄いと判断できたら、買いってことだね

Bの「不祥事」も同様です。たとえば2024年にENEOSのグループ企業の会長がセクハラで解任されましたが、同社の株価にはほとんど影響を与えていません。**トップが不祥事で交代しても、事業自体には問題がなければ、株式市場の反応も薄いのです。**

不祥事や災害においては、それらのダメージが株価にどれだけ織り込まれているのかを見定めることが大事。直後に大きく下落したとしても、速やかに下落幅の半分程度の反発が見られれば、影響は限定的だといえるでしょう。

Question

問題 46 正答率 90.3%

ゴールデンクロス・デッドクロスの信頼度は？

A 100%に近い
信頼できる
重要なサイン

B 50%くらい
信頼度は
半々くらい

だって、多くの投資家が注目しているサインですよね？

 注目していたとしても、完全に信じているかどうかは話が別！

答え B　チャートのサインに絶対はあり得ない

買いのサインに従うだけで稼げるほど
株式投資は甘くない

　残念ながら、テクニカル分析を信じる者が必ず報われるとは限らないのが現実です。**典型的な買いのサイン「ゴールデンクロス（短期の移動平均線が長期の移動平均線を上抜く現象：P118参照）」が発生しても、再び下落に転じるケースはめずらしくありません。**

　また、短期の移動平均線が長期の移動平均線を下抜く「デッドクロス」出現後に株価が反発するケースも存在しています。

　たしかに、テクニカル分析を重視している投資家の多くは上昇サインを好機と判断して売買をします。しかし、ほかの判断材料も踏まえて「好機ではない」と結論づけた投資家のほうが多数派なら、株価の上昇は途絶えてしまいます。

私の経験上、半分くらいは"ダマシ"だね

　買いや売りのサインが出てもその通りの展開にならないことを、テクニカル分析の世界では"ダマシ"と呼びます。ゴールデンクロスやデッドクロスの半分くらいは"ダマシ"にすぎないというのが私の経験則です。株価の動きには、あのような展開になったら次は必ずこうなるという法則が存在しません。チャートのサインだけで判断を下すのは避けるべきでしょう。

第5章 儲かる投資家の頭のなか

Question
問題 47 正答率 29.0%

株価急伸後、すぐに手放す投資家が多い理由を2つ選べ

A 日本株が低迷した過去の経験則があるから

B 含み益が出ているうちに利益を確定させるから

C 株式投資に関する知識不足から

マイナス思考の人が多いせいかな？

 若い世代はともかく、年配の投資家は苦い経験があるからな

答え A・B 「株価上昇は短命」という固定概念がある

　平成バブル崩壊以降、
上げても下がる相場が続いたことの「後遺症」

　1990年代初頭のバブル崩壊以降、日本の株式市場では株価が上がってもすぐに下げに転じるという相場がくり返されてきました。2012年末からのアベノミクス相場でも"踊り場"と呼ばれる一進一退の局面が何度となく訪れ、あきらめムードが漂いがちでした。

　いわばバブル崩壊の「後遺症」で、多くの投資家には、株価上昇の持続性に懐疑的な見方を示すクセが染みついています。しかも、株価が上昇する前からその銘柄を仕込んでいた投資家は含み益（購入価格と現在価格との差額＝今売ると得られる利益）を得ているわけですから、「下げに転じる前にできるだけ早く売ってしまおう」と考えるのは無理もないことです。

　　　　　どんな投資家も先入観と不安のなかで
　　　　　勝負しているんですね

　株価が急上昇すると、その反動で一時的に下げる局面が訪れるというのはめずらしくない現象で、短期的には利益確定が正解です。しかし、中長期的な視点で情勢を見渡せば、日本経済が停滞期を抜け出して大きく変わりつつあるととらえられます。上がったら下がるという固定観念から抜け出し、ここで売り急ぐのは時期尚早、さらに大きな利益を得られるかもという思考転換が必要なのです。

まとめクイズ

問題 48 ｜ 儲けられる投資家になるために、本当に必要なことは？

A

自分の信念に従って売買の判断を行う

B

株価の動きを中心にとらえて判断する

もっとも必要なのは元手（投資資金）ですよね……

 そういった次元の話ではなく、ここでは心構えについて考えてみよう

答え
B ｜ 株式投資では「株価の動き」がすべて

理屈や常識にとらわれず、現実（株価の動き）を直視しよう！

　たとえば大方の想定を超える域まで株価の高騰が続いた局面などにおいて、「明らかに今の市場の動きはおかしい。買われすぎだ」と指摘する声をよく耳にします。異常な現象だから、やがて正常な状態（この場合は反落）になるという見立てです。

　しかし、**私はこれまでの投資経験を通じて、そのような発想を疑問視しています**。大勢の投資家が売買した結果として目の前の株価が形成されており、仮に「行きすぎでは？」と感じる状態であっても、自分が気づいていない情報が存在し、ほかの投資家たちはそれを認識して売買しているのかもしれません。

　株価は揺るぎのない結果です。「株式市場がおかしい」という感覚を持つべきではないのです。**大切なのは、自分の想定が実際の株価の推移となぜ食い違っているのかを検証すること**。その作業をくり返していくうちに少しずつピントが合っていき、自分の考察が株式市場の思考に近づいていきます。

　株式投資で着実に儲けたいと考えているなら、自分のなかで形成されている価値観や常識にとらわれず、株式市場と同じ思考に修正していくことが求められてきます。その第一歩となってくるのは、「けっして株式市場の動きに疑問を抱かない」というセオリーに徹することです。

儲かる人の思考法から学ぶ

その5

株の鉄則！

☐ 個人投資家が少ない資金で儲けるには
その時々の人気業種に集中投資する

☐ 銀行・金融株など、景気敏感株の値動きを
セクターローテーションの手掛かりにする

☐ 割高・割安だけで売買を決めない

☐ 不祥事・災害は基本的に買い。
業績悪化、大幅増資は見送り

☐ ゴールデンクロス・デッドクロスの信頼度は
50％程度

☐ テクニカル分析は当てにしすぎないこと

☐ バブル崩壊後から続く、「株価上昇は短期」とい
う先入観から脱却すること

第6章

実践スタイルと
リスク管理

投資は考え方を学ぶだけではなく、実践を積まないと理解が深まりません。そこで本章では、より高度で実践的なクイズの数々を出題します。

一問一答形式で、実践的な知識を補完

先生は、具体的にどうやって売買してるんですか?

 よし、それじゃあ実践編といこうか

　これまで、投資家に一番重要な「投資での考え方」について、解説してきました。ただ、この考え方だけでは、銘柄選びや売買のやり方をマネするには心もとないといえるでしょう。そこでこの章では、投資の基礎知識に加えて、私が相場のどこに注目してしばしば「ストップ高銘柄」を見つけているのか、実践的なテクニックについて紹介していきます。

 株式投資での流れの読み方を伝授しよう

　とくに重要なのは、市場がはじまる前の情報の整理と、寄り付き※直後の値動きの分析です。あふれる情報に対して、投資家の多くがどこに注目し、どんな流れを引き起こしているのかを分析することが大切になってきます。問題は全部で20問。これまでの知識を生かしてチャレンジしてみてください。

※その日の最初の株価が形成されたとき。通常は午前9時

投資スタイル

第6章 実践スタイルとリスク管理

問題 49 株式投資に投じるべき資金とは？

問題 50 個人投資家に最適な投資資金の規模は？

問題 51 少額投資でも儲けることは可能？

問題 52 信用取引でかけるレバレッジ（倍率）はどの程度が無難？

答えは次のページ

資金は少なめでも、利益は多めを希望します！

メチャクチャ、虫のいい話だねえ

49 ゼロになっても生活に困らない余裕資金

「株式投資は余裕資金で！」が常套句である通り、投資では損をこうむる危険性があります。ゼロになることはそうそうないものの、失敗しても路頭に迷わない余裕資金を使いましょう。

50 できれば100万円〜300万円

最適な投資資金の規模は、100万円〜300万円が1つの目安になると私は考えています。その程度の資金があれば幅広い銘柄を同時に購入できますし、何度かに分けて資金を投じることも可能です。

51 儲けは出せるが、制約も大きい

証券取引所の要請により、1単元（最低取引単位）当たりの株価を引き下げる措置が打たれ、10万円〜30万円の低予算で購入できる銘柄も増えています。少額投資でも満足する儲けを得ることは不可能ではありません。ただ人気銘柄（たいてい株価が客観的に高い）には手を出せない、複数銘柄の購入が難しいなど、制約は大きいでしょう。

52 2倍程度にとどめるのが無難

証券会社に預けたお金（証拠金）よりも大きい資金で売買できる「信用取引」を使えば、最大で証拠金の約3.3倍の取引が可能です。ただ、損失を出すと証拠金から差し引かれ、所定の維持率を証拠金が割り込むと追証（追加の証拠金）を支払う必要が生じます。倍率は2倍程度にとどめておくのが賢明です。

リスク管理

問題 53 資金をいきなり全額投入してもいい？

問題 54 分散投資でリスクを軽減できる？

問題 55 損切りとは何か？

問題 56 損切りラインはどれくらいに設定すればいい？

答えは次のページ

自信があるなら全額投入もOKでは？

 その自信の根拠はどこから？

53　絶対に避けるべき

　見込み違いの値動きになってダメージを負うリスクがあります。いきなり全額を投入するのは避けるべきです。

54　可能だが、全面安の局面では難しい

　株式市場が堅調なら分散投資のリスク軽減効果はそれなりに期待できます。景気の先行きに敏感な銘柄が売られても、食品や医薬品のようなディフェンシブセクターが買われ、補完関係が成立します。しかし、相場が全面安になれば分散投資でもリスク軽減は難しいでしょう。また、株で儲けた個人投資家の多くは、ここぞという場面で特定銘柄に集中投資を行い、相応のリスクを取っているのも事実です。

55　保有銘柄が見込み違いの値動きをしたときに保有を断念して処分すること

　損切りは、読みが外れた場合に損失の拡大を防ぐために行うものです。損失の確定をためらっているとさらに株価が下がって傷口が広がり、売るに売れずに保有し続けるしか術がない「塩漬け」というパターンに陥りがちです。

56　概ね10%の下落をした時点

　いわゆる"塩漬け株※"になった場合、保有し続けた「根気」が報われる確率はゼロに近いでしょう。自分の買値よりも10%下がった時点で失敗を認めて損切りするのが無難でしょう。

※株価が買値を下回り、売るに売れなくなって保有し続けてしまった銘柄

情報の整理・分析

問題 57 投資家が前日の欧米市場の動きから想定するべきことは？

問題 58 取引開始前までに出たニュースをどんな視点でチェックする？

問題 59 前日の株式市場の振り返りは、翌日の取引にどう結びつく？

問題 60 投資のチャンスになるかは、どうやって判断する？

答えは次のページ

大事なのは、前日よりも今日では？

株式投資でも、予習・復習をちゃんとやっている人の成績が伸びます！

57 これから取引がはじまる日本株の相場展開

前夜の欧米（とくに米国）市場が堅調であれば、日本株も寄り付きから好調な値動きを示す可能性が高いといえます。海外市場で日経平均先物が高く取引を終えると、翌朝の日本株にも期待できます。

58 株式市場への影響の観点からチェックする

欧米市場の取引時間中や日本の寄り付き直前までに報道されたニュースに関しては、ジャンルを問わず、とにかく株価に影響がありそうかどうかという観点でチェックすることが大事です。私の場合は偏りがちなネット上の情報だけではなく、経済紙（日本経済新聞）を一通り眺めて世の中の動きを俯瞰し、より多くのニュースを把握することを習慣にしています。

59 相場展開や物色の主体の推察に使える

証券会社が提供している情報ツールや経済紙には、必ず前日の相場展開の概況がまとめられています。前日の概況を振り返る際に重要なのは、主にどういった銘柄が活発に買われて（売られて）、株価がどのように推移したのかという客観的事実を知ることです。

60 銘柄の変動をイメージして判断する

前日の市場概況から相場の流れや物色の矛先が向けられそうな銘柄を推察できます。とくに、主役候補となりうる銘柄の株価変動率をイメージできれば、今が買いのチャンスかも判断できるのです。

予想の立て方

問題 61 昨日まで買われていた銘柄をチェックすると何がわかる？

問題 62 昨日まで売られていた銘柄の反転機会はどうやって探ればいい？

問題 63 寄り付き後の動きに関しては、どういった点を確認するべき？

問題 64 寄り付き後の展開から、しっかりと把握しておくべきこととは？

答えは次のページ

寄り付きって何ですか？　反社の人のこと？

それはゴロツキ。最初に取引が成立した売買のことだよ！

61 翌日の相場で物色されそうな銘柄を推察

前日の「売買代金ランキング」と「値上がり率ランキング」で上位に入っている顔ぶれを見て、おおむね翌日の物色傾向の推察が可能です。前日の取引終了にかけて大きく反転する動きがなければ、翌日も同じような銘柄が物色される可能性が高いからです。

62 前日まで盛んに買われてきた銘柄が、売られはじめる兆候があるか

それまで盛んに買われてきた銘柄が逆に売られはじめていたら、相場の物色に変化が生じている可能性があります。これも「売買代金ランキング」と「値上がり率ランキング」のチェックが有効です。前日まで売られてきた銘柄の反転機会を探る際にも使えます。

63 物色が集中している銘柄の傾向とその背景

目立って買われている（売られている）銘柄を確認し、その背景の洞察が大切です。たとえば、「外需系の上昇は為替相場で円安が進んだためだろう」といった思考を働かせるわけです。

64 前日の流れを踏襲しているか（あるいは転換点の兆候があるか）

業種別騰落率をチェックして、盛んに買われているセクターを押さえます。寄り付き直後における物色の傾向をつかむことで、前日からの流れの継続性や転換点到来の予兆を確認できます。

投資の心得

第6章 実践スタイルとリスク管理

問題 65　「人口が減る日本株より米国株のほうがいい」という考えは正しいのか？

問題 66　SNSインフルエンサーのアドバイスには素直に従うべきか？

問題 67　「過去に大きく損をした人がいるから、株で儲けるのは難しい」と考えるのは賢明か？

問題 68　コツコツと貯蓄したほうが堅実だから、投資には手を出さないほうがいい？

答えは次のページ

やっぱ、インフルエンサーのお言葉は絶対でしょ！

 だとすれば、この本の存在理由を問われてしまうよ！

65 正しいはずがありません

　厄介なことに、株式投資で資産を増やしたい人にとって、無益どころか有害な情報が世の中にはあふれています。その最たるものは、「人口がどんどん減っていく日本の株は買えるはずがない」というものでしょう。しかし、ドイツや英国は日本よりもはるかに人口が少ない国です。また人口減少に歯止めがかかっていなくても、2024年に日経平均株価が史上最高値を更新したのは揺るぎない事実です。

66 人の意見だけで物事を決めない

　一部のSNSインフルエンサーによる「株式投資に対する発信」も、発言の一部が切り抜かれて数十秒の動画にまとめられたものが大半。そのような情報に振り回されないほうが賢明です。そのインフルエンサーの判断が正しいという保証もありません。

67 まったく賢明ではありません

　株式投資で、過去に大損をした人がいるのは明らかでしょうが、逆に大きく儲けた人も存在しており、片方の事実だけに焦点を絞って決めつけるのは乱暴です。

68 貯蓄第一主義で来た結果が今の日本

　株よりも貯蓄が確実なら、貯蓄に偏っていた日本人は、他主要国の国民よりもはるかに多くの資産を築いているでしょう。そういうわけではないはずです。

クイズ終了

エピローグ

ふ〜、ようやく全問終了したぞ

ありがとうございました。先生のおかげで株の知識がついたので、どうやら僕は死なずに済みそうです

基本から応用まで、ちゃんとついてきてくれて先生はとてもうれしいよ

投資というのは、個人投資家が何となく予想するものだと思っていました。でも本当は、機関投資家や海外投資家がどのような動きをしているのかとか、さまざまな角度で分析することが大切なんですね

その通り。ただ単に株価という数字だけを追ってしまうのは、きわめて危険な行為だぞ

はい。それと、テクニカル分析だけに頼るのはやめたほうがいいというのも大変勉強になりました

参考にすべき過去のデータがふんだんにあればいいんだけどね。投資というのは「〇〇だけでOK！」みたいな単純なものではないからね

実は……先生と出会ったとき、ちょっと怪しいなぁと思ったんですよ。でも、そんなことなかった（笑）

おいおい、そんな風に思っていたのかよ。だけど、投資の世界には怪しい人がいることもたしかなんだよね。初心者だけでなく、そこそこ知識がある人でもだまされるケースがあるから、気をつけるんだぞ

そうですね。自分の世界に戻れたら、怪しい人に気をつけながら投資を実践してみたいと思います

さて、そろそろお別れの時間のようだ

 え、先生、それってどういうことですか？

 この世界はね、投資の知識をつけると元の世界に戻れるようになるんだ

 そうなんですね。投資の知識をつけるのは、てっきり危険な動物に襲われないためだとばかり思っていました

 キミの場合、生きるか死ぬかの状況に追い込まれないといつまで経っても勉強しなさそうじゃない。だからあえてウソをついていたんだよ

 そ、そんな〜（笑）。でも、本当に勉強になりました。では、元の世界で投資を実践したいと思います

 それでは、またいつか会おう。さようなら！

Fin.

巻末付録

株知識ゼロで読み始めてしまった人のための

基礎知識

この本を読み始めて、難しく感じた人は、この付録を読んで、株の基本をサクッとおさらいしよう

そもそも株って何？　という基礎知識やNISA＆iDeCoの説明もここに書いてあるよ！

巻末付録 01

そもそも株って何なの？

巻末付録 株知識ゼロで読みはじめてしまった人のための基礎知識

▶ 見返り（株価値上り＋配当）を期待した企業への投資

　そもそも株式とは、株式会社が発行する有価証券のこと。上場企業の株式は市場で取引されており、企業はそれを投資家に購入してもらうことで、事業で用いる資金を調達できます。

　株式を購入した投資家はその企業の株主になり、利益が配当金として分配されたり、株主総会で重要議題の議決に参加したりする権利が得られます。そして何より、株主になる一番のメリットは、キャピタルゲイン（値上がり益）が期待できること。自分の取得時よりも株価が値上がりした時点で売却すると、購入代金と売却代金の差額が利益になります。

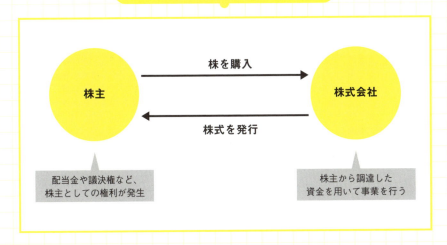

株式投資のしくみ

巻末付録 02

株式投資をすると、どんな利益を期待できるの？

▶ インカムゲイン（配当）とキャピタルゲイン（値上がり益）

　利益を稼いで株主還元を重視している企業なら、株主は定期的に配当金をもらえます※。これが配当金による収入（インカムゲイン）です。また、利益の拡大が続く企業は株式市場でも人気になり高騰します。取得時より株価が上昇したタイミングで売却すると、キャピタルゲイン（値上がり益）が受け取れます。

　配当利回りは高配当株でも3〜4％です。元手が限られている個人投資家が大きく利益を上げるには、キャピタルゲインに主眼を置くことになります。

※成長途上の企業はあえて配当を支払わず、事業拡大のための資金に充てるケースが多いです。

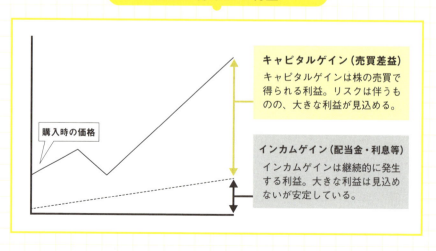

株主が得られる利益

キャピタルゲイン（売買差益）
キャピタルゲインは株の売買で得られる利益。リスクは伴うものの、大きな利益が見込める。

インカムゲイン（配当金・利息等）
インカムゲインは継続的に発生する利益。大きな利益は見込めないが安定している。

購入時の価格

巻末付録 03

取引する証券会社を選ぶ際のチェックポイントとは？

巻末付録　株知識ゼロで読みはじめてしまった人のための基礎知識

▶ 利益を目減りさせる売買手数料を要チェック！

　株式市場（証券取引所）で売買される上場企業の株式は、証券会社に取引口座を開設し、証券会社を介して取引します。

　証券会社は店舗を設けて対面営業を行っている大手証券会社と、オンライン取引を専門とするネット証券に大別できます。前者は人件費や店舗維持費などのコストがかかるぶん、ネット証券よりも株式の売買手数料が高めです。

　取扱銘柄については、国内株式なら証券会社間で大差はありませんが、外国株式や海外ETF（指数連動型上場投資信託）の取り扱いにはかなりの違いが見られます。

証券会社の分類

対面営業型独立系大手
野村證券
大和証券

対面営業型銀行系大手
三菱UFJモルガン・スタンレー証券
SMBC日興証券
みずほ証券

対面営業型独立系準大手・中堅
岡三証券　東海東京証券
アイザワ証券　いちよし証券　など

ネット証券
SBI証券　楽天証券　松井証券
マネックス証券　auカブコム証券
GMOクリック証券　など

171

巻末付録 04

最近話題の新NISAやiDeCoは、はじめないとマズイの？

▶ マズイというより、利用しないのは損！

　NISAは「少額投資非課税制度」の愛称で、年間360万円までの投資で得られた利益に税金（約20％）が課されないという優遇制度です。日本国内に住む18歳以上の人なら、誰でも利用できます。

　iDeCoは「個人型確定拠出年金」の愛称で、任意で加入する私的年金の制度です。毎月の掛金は自分で選んだ金融商品で運用され、60歳以降に受け取れます。iDeCoにも、①掛金が所得控除の対象、②運用益は非課税で再投資できる、③受け取り時に「公的年金等控除」や「退職所得控除」の対象となる――といった税制優遇措置があります。どちらも利用しない手はないでしょう。

NISAとiDeCoのメリット

NISA

	つみたて投資枠	併用可 成長投資枠
非課税保有期間	無制限	無制限
制度（口座開設期間）	恒久化	恒久化
年間投資枠	120万円	240万円
非課税保有限度額	1800万円 / 1200万円（内数）	
投資対象商品	長期の積立・分散投資に適した一定の投資信託	上場株式・上場投資信託等
対象年齢	国内在住の18歳以上	国内在住の18歳以上

iDeCo

- 拠出時
掛金は全額所得控除の対象

- 運用時
運用益は非課税

- 受給時
年金として受け取る場合は、公的年金等控除の対象

一時金の場合は、退職所得控除の対象

172

巻末付録 05

投資信託って、株式とはいったい何が違うの？

▶ 投資家に代わって専門家が運用する金融商品

投資信託（投信）とは、大勢の投資家から集めた資金を、ファンドマネージャーというプロが株式や債券などで運用する金融商品で、ファンドとも呼ばれています。商品によって運用方針や投資対象が異なり、日本株の個別銘柄を対象にした、株価指数を上回る値上がりを目指すタイプも数多く存在しています。

個別株投資なら複数銘柄を買うにはまとまった資金が必要ですが、投信なら1口＝数百円〜数万円の小口から購入でき、幅広い銘柄に分散投資できます。ただし、手数料がかかるので内容を確認しておきましょう。

投資信託のしくみ

巻末付録 06

インデックス投資って、何ですか？

▶ **市場の平均的な値動きに合わせた利益を目指す手法のこと**

　インデックスとは、市場の値動きを示す指数で、日経平均株価やTOPIX（東証株価指数）のことです。インデックス投資とは、特定の指数に運用実績が連動するように設計されたインデックスファンド（指数連動型投資信託）に資金を投じる手法です。

　個別株投資のような当たりはずれが出にくく、着実に市場の平均的な値動きが運用実績に反映されます。ただ、相場全体が下がれば指数もそれに連動するほか、勢いのある個別株の動きと比べれば指数の上昇は緩やかです。安めではありますがコストも発生します。

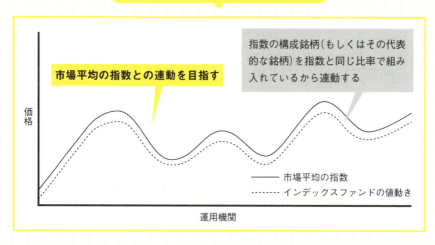

インデックスファンドとは？

巻末付録 07

株式投資で目指す勝率はどれくらい？

▶ 勝率よりも、「損小利大」の鉄則を守ること

　株式投資で何億円もの財産を築いたスゴ腕の投資家であっても、すべての取引で好結果を出すのは不可能。株式投資では、想定とは異なる展開になり損失をこうむることは避けられません。

　理想は10戦＝7勝3敗です。もっと勝率が低くても着実に利益を上げている投資家もめずらしくありません。なぜなら、自分の読み通りの上昇を遂げたときに粘ってより大きな利益を狙う一方、読みが外れたらすぐに見切りをつけて損失を小幅にとどめているからです。これは「損小利大」と呼ばれる株式投資の鉄則です。勝率が高くても、逆の「損大利小」では資金が減ってしまいます。

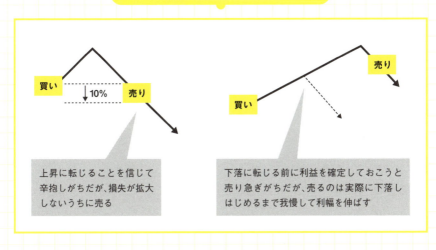

「損小利大」とは？

著者

天海源一郎　　てんかい げんいちろう

株式評論家・個人投資家。1968年大阪市生まれ。関西大学卒業後、ラジオNIKKEI入社。東京証券取引所記者クラブ記者、番組ディレクターなどを経て2004年独立。個人投資家に向けた執筆活動・動画出演・セミナー活動を各種メディアで行う。著書多数。

2024年現在、以下のメディアに連載、出演、寄稿を行う。
『夕刊フジ』（産経新聞社）、『週刊現代』（講談社）、『週刊FRIDAY』（講談社）、『週刊SPA』（扶桑社）、『週刊エコノミスト』（毎日新聞出版）、『サンデー毎日』（毎日新聞出版）、『ダイヤモンドZAI』（ダイヤモンド社）、『デイリー新潮』（新潮社）、『マネーサテライト』（松井証券）、『岡三ネットラジオ』（岡三証券グループ）

ほぼ日刊メルマガ「天海のつぶやき」発行。
https://www.tenkai.biz/（天海源一郎オフィシャルWeb）

一問一答！　株の超入門ドリル

著　者　天海源一郎
発行者　清水美成
編集者　梅野浩太
発行所　**株式会社 高橋書店**
　　　　〒170-6014 東京都豊島区東池袋3-1-1 サンシャイン60 14階
　　　　電話　03-5957-7103

ISBN978-4-471-21094-6　　ⒸTENKAI Genichiro Printed in Japan

定価はカバーに表示してあります。
本書および本書の付属物の内容を許可なく転載することを禁じます。また、本書および付属物の無断複写（コピー、スキャン、デジタル化等）、複製物の譲渡および配信は著作権法上での例外を除き禁止されています。

> 本書の内容についてのご質問は「書名、質問事項（ページ、内容）、お客様のご連絡先」を明記のうえ、郵送、FAX、ホームページお問い合わせフォームから小社へお送りください。
> 回答にはお時間をいただく場合がございます。また、電話によるお問い合わせ、本書の内容を超えたご質問にはお答えできませんので、ご了承ください。本書に関する正誤等の情報は、小社ホームページもご参照ください。
>
> **【内容についての問い合わせ先】**
> 　　書　面　〒170-6014 東京都豊島区東池袋3-1-1 サンシャイン60 14階　高橋書店編集部
> 　　ＦＡＸ　03-5957-7079
> 　　メール　小社ホームページお問い合わせフォームから　（https://www.takahashishoten.co.jp/）
>
> **【不良品についての問い合わせ先】**
> 　　ページの順序間違い・抜けなど物理的欠陥がございましたら、電話03-5957-7076へお問い合わせください。
> 　　ただし、古書店等で購入・入手された商品の交換は一切応じられません。